シンプル公式で
中国語の語順を制す

監修・著 林 松涛　著 王 怡韡

コスモピア

はじめに

　「中国語の語順がわからない！」と、みなさんは思ったことがあるでしょう。
　せっかく楽しんで中国語の道を進んできたのに、途中で「語順」という敵に出会ってしまい、苛立ちますよね。

　本書では、中国語の語順を制する方法をひとつ提案します。
もちろん、これは、「ほら、中国語にはこのぐらいの構文がありますので、暗記しなさい」というようなキビシイ方法ではありません。私たちが提唱しているのは、視覚や感性を生かす、誰でも実行可能な、シンプルな敵を制する方法です。

　具体的に言いますと、「どのぐらいの時間は騎士です。動詞は女王です。騎士は女王の後についています。だから……」といった感じの、『不思議の国のアリス』にあるキャラクターを眺めているうちに語順がわかってしまう方法です。

　「こんな簡単なものなの？！　中国語って学べば学ぶほど、例外がでてくる言葉と思っていたけれど」と、首を傾げていませんか？
　いままでの考え方に沿って整理したのなら、こんなに簡単なものにまとめられないかもしれません。しかし、私たちは視点を変えました。その結果、不可能なことが可能になりました。

　一枚の絵を眺めるだけで、中国語の語順がわかる！
　この夢のような話は、コスモピアの坂本由子さんのご好意で本になって、みなさんに届けることができました。
　ぜひ、語順という敵を倒して、中国語の面白さを満喫してください。
　シンプルにね！

林　松涛

みなさん、こんにちは。
中国語ワンダーランドをご案内しましょう。

中国語を始めようとしたとき、「中国語って難しそう」「私できるかなぁ」と不安を感じませんでしたか。でも、「マスターしたい！」ですよね。
その後、「単語はわかるけど、順番がわからないから言えない」と悩んでいませんでしたか。せっかく勉強した内容を頭の中で考えすぎて、結局言えないなんて、もったいないですよね。

今、目の前に、ゴールまでの道が2本あります。
1本は今まで通りの道です。すこし遠いかもしれません。もう1本は近道です。近道を進むために、不思議の世界に入る必要があります。そこではいろいろなキャラクターと出会えます。
今、お手に取っていらっしゃる本は、この不思議の世界への鍵になるものです。

本書では、文法用語をキャラクターに例え、ひとつの公式で語順を説明します。キャラクター同士で仲良しもいれば仲の悪い者もいます。「仲が悪いから一緒には使いません」とおぼえればいいのです。

不思議の世界で各ステージへ進むために挑戦も必要です。練習問題をやって次々と進みましょう。最終ステージには、100問の総合チェックがあります。本書の内容を本当に把握していれば楽勝です！
ワンダーランドへの扉はすでに開いています。
さあ、一緒に前へ進みましょう！

王　怡韡

目次

はじめに 2
ご招待 6
本書の基本的な考え方 8
本書の構成と使い方 12

第1章　意味から考えよう　　14

1. 誰・何 16
2. 名詞文 20
3. 形容詞文 24
4. 動詞文 28
5. いつ 34
   ▶練習問題（1〜5） 36
6. どこ、どのように 44
   ▶練習問題（6） 48
7. 副詞 52
   ▶練習問題（7） 60

第2章　動詞の後に気をつけよう　　68

1. "在"と"有"を使う文 70
2. 二重目的語文 74
   ▶練習問題（1,2） 78
3. 動詞の後の"着"、"过"、"了" 82
   ▶練習問題（3） 92
4. どのぐらいの時間 98
5. 何回 102
6. 程度 106
7. どこ・どのように 110
   ▶練習問題（4~7） 114
8. 方向 122
9. 結果 126
   ▶練習問題（8,9） 132

4

| 第3章 | 中国語らしい発想をしよう | 136 |

大きい話題から小さい話題へ話を進める …… 138
1. 主題―形容詞文のケース …… 140
2. 主題―動詞文のケース …… 142
   ▶ 練習問題（1, 2） …… 144
3. 話題の2回提示―動詞の繰り返し …… 148
   ▶ 練習問題（3） …… 152

入れ子構造の中と外で、語順は変わらない …… 156
1. 入れ子構造―前の部分 …… 158
2. 入れ子構造―後ろの部分と能願動詞 …… 160
   ▶ 練習問題（1, 2） …… 166

| 第4章 | 構文をこう考えよう | 174 |

1. 使役文 …… 176
   ▶ 練習問題（1） …… 180
2. 受身文 …… 184
   ▶ 練習問題（2） …… 188
3. "把"構文 …… 192
   ▶ 練習問題（3） …… 196
4. 比較表現 …… 200
   ▶ 練習問題（4） …… 204
5. 可能表現 …… 208
   ▶ 練習問題（5） …… 212

ランダム確認問題100 …… 216

ご招待

「中国語ワンダーランド」へようこそ。

　みなさんがなじんできた品詞が、『不思議の国のアリス』のキャラクターに変身しています。中国語の語順をアリスや女王をはじめとするキャラクターで印象づけながらマスターしましょう。

『不思議の国のアリス』（ルイス・キャロル・作）

　懐中時計を持って急ぐ白ウサギを追いかけて、アリスは穴に落ちてしまいます。その穴の中の世界で、体が大きくなったり小さくなったりしながら、ドードー鳥やチェシャ猫と出会い、最初に出会った白ウサギや帽子屋たちとの終わらないお茶会に参加するなど、アリスはさまざまな不思議な出来事を体験します。そして、最後にハートの女王の法廷で陪審員の質問に答えることに。「クビをはねなさい！」という女王のひとことで、トランプの兵隊たちがアリスに襲いかかってきますが……。

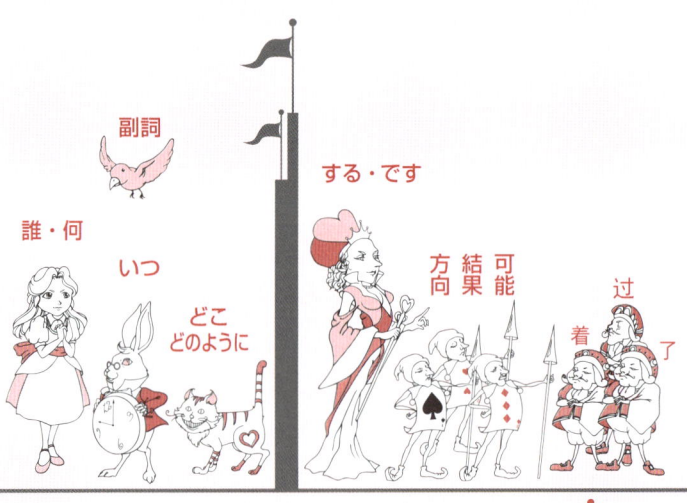

キャスト

キャラクター		役割
アリス		誰・何
女王		する・です
白ウサギ		いつ
チェシャ猫		どこ・どのように
ドードー鳥		副詞
3人の近臣		着、过、了
5人の騎士団		方向・結果・可能・どのくらいの時間・回数
帽子屋		どんな
帽子		どれくらい

語順公式バー

```
            どこでも
             副詞
┌──────────────────┬─────┬─────────────────────────────────┐
│ 誰 │ いつ │ どこ │ どのように │ する │ どのくらいの時間 │ どこ │ 誰 │ どんな │ どれくらい │
│ 何 │      │      │            │ です │ 何回             │      │ 何 │        │            │
└──────────────────┴─────┴─────────────────────────────────┘
```

本書の基本的な考え方

本書が目指しているのは、みなさんがこの本を読んで練習をしっかりやった後に、中国語を話せるようになった！ 作文ができるようになった！ となることです。

会話や作文には、次のふたつの能力が不可欠です。

① 単語を思い出す能力
② 単語を組み合わせる能力

本書は、②の能力をいかにして獲得するかについて、新しい方法を提案します。

単語を組み合わせるルールは、「語順」と言い換えられます。私たちは、中国語のさまざまな構文を研究し、「たったひとつの語順公式」にまとめました。

しかし、教室で実践してみると、「この語順公式バーを覚えるのはカンタンではない」という声がありました。

そこで、もっとわかりやすい方法がないかと考えた結果、『不思議の国のアリス』にあるキャラクターを使う方法にたどり着きました。（アリスの物語になじめない方々には申し訳ありません。）

「『不思議の国のアリス』には興味がない」「小さい時に読んだが、とっくに忘れた」という方もご安心ください。右ページにまとめたことだけを理解しておけばいいのです。

『不思議の国のアリス』の中で、覚えておいてほしいのは、これだけです。

◇白ウサギは、時計を持っている！
　ある日、少女アリスは、時計を持ってあわてて走っている白ウサギを見かけました。その不思議さに惹かれ、白ウサギの後を追いかけ、突然、穴に落ちました。

◇アリスが暮らした世界と穴の中に広がる別の世界、ふたつの世界がある！
　穴のなかで、アリスは不思議な世界に迷い込みました。
　アリスが薬を飲むと、体がだんだん大きくなりました。また、ケーキを食べると、体が縮みました。そして、アリスは別の世界の人間、動物たちと話すことができました。

◇ハートの女王がいつも中心となって、まわりを支配したがる！
　アリスがであった人の中で、一番威張っているのはハートの女王です。

◇女王と帽子屋さんは仲が悪い。
　お茶会で、女王と仲が悪い、詩人のような帽子屋にも出会いました。

◇騎士と近臣は常に女王の後についている！
　女王が従わせている人に、騎士や近臣がいます。本書では、5人の騎士、3人の近臣と役を決めました。実際のアリスの物語にはもっといっぱいいるのでしょう。

◇ドードー鳥は、女王の城の後ろへ飛べない！（本書での決まり）
　また、アリスはドードー鳥とも出会いました。本書では、アリスの物語と違って次のように設定しています。ドードー鳥は、女王の城の後ろへは飛べないのです。

◇チェシャ猫はときどき消える！
　最後は、チェシャ猫です。本書では、チェシャ猫の尻尾が長く描かれています。この絵を通して、みなさんに覚えてもらいたいことは、猫は背中に常に何かを乗せていることです。
　このチェシャ猫は突然にやってきて、役目を果たしたらくらやみに消えてしまう動物です。

繰り返しになりますが、アリスの物語自体は重要ではありません。次のイラストを眺めて並べ順を覚えていただければ、結構です。

イラストを眺めると、女王（「する・です」）が支配的だというイメージが湧いてくるのでしょう。（だから女王ですよね！）

このイメージは、中国語の語順を制すにはとても大事です。女王は動詞（および"是"）を表しています。中国語の語順を理解する上で一番大事なのは、次のことです。

動詞を中心に考えれば、他の要素が、動詞に対してどのような位置にあるかは、だいたい決まっています。

この点から、本書では次のように4つの章を設けています。

第1章では、「動詞より前の部分」に注目していただきたいと思います。この部分の語順は、日本語に似ているので、楽に考えましょう。

第2章では、「動詞より後ろ」の部分に注目していただきたいと思います。この部分の語順は、日本語とかなり違います。覚える必要があるのは、どういった要素を動詞より後ろに持っていくかということです。

文法上、目的語をのぞいて、動詞の後の部分の要素は、一括して「補語」

と呼ばれています。さまざまな要素がありますので、補語はむずかしい！と思うのは無理もないことです。そのため、5人の騎士、帽子屋、チェシャ猫といった7つのキャラクターをもって7つの補語を表しています。彼らの姿が浮かんでくると、中国語の語順に対して自信もわいてくることでしょう。

第3章では、中国語の特有の発想を理解していただきたいと思います。

① 大きな話題から小さな話題へ進める話し方
② 入れ子構造の「中」と「外」では、語順が変わらない規則

この2点を常に意識していれば、体の中に中国語の「軸」ができます。複雑な文に当たっても、ぶれることはありません。

第4章では、使役、比較などの構文を深く理解していただきたいと思います。さまざまな構文の背後には、アリスの絵で示された「たったひとつの語順規則」+「大から小へ」「中＝外の入れ子構造」との組み合わせがあります。これさえわかれば、暗記する必要はありません。

4つの章の扉にいるアリスは、下のように表情が違います。

みなさんが、アリスと一緒に、「起」「承」「転」「結」の各章の説明や練習を通して、中国語の語順をマスターすることができれば、私たち作者としては何よりも嬉しいことです。

本書の構成と使い方

◆ 本書は、「第1章 意味から考えよう」「第2章 動詞の後に気をつけよう」「第3章 中国語らしい発想をしよう」「第4章 構文はこう考えよう」の4つの章に分かれています。

◆ それぞれの章は、解説ページと練習問題で構成されています。

◆ 解説ページでは、語順のポイントになる「誰・何」「する・です」などの項目を「公式バー」として整理し、それぞれの項目を『不思議の国のアリス』のキャラクターに対応させて解説します。解説で語順のポイントが理解できたら、実際に練習問題を解いて、語順のポイントを定着させましょう。

◆ 最後に、練習問題の1.整序問題、2.作文問題から、100問選び、すべて作文問題にして、ランダムに配列した「ランダム確認問題100」があります。曖昧だった個所を再度確認して力を定着させましょう。

解説ページ

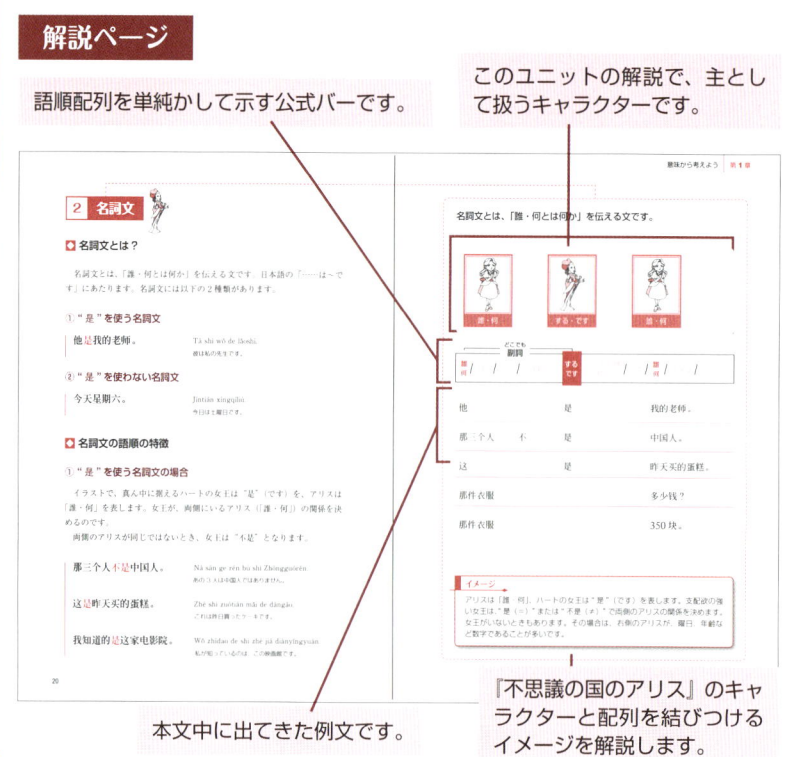

語順配列を単純かして示す公式バーです。

このユニットの解説で、主として扱うキャラクターです。

本文中に出てきた例文です。

『不思議の国のアリス』のキャラクターと配列を結びつけるイメージを解説します。

練習問題ページ

問題の種類は 1. 整序問題、2. 作文問題のふたつです。

1 が与えられた語句を用いた並べ替えの整序問題、2 が作文問題です。

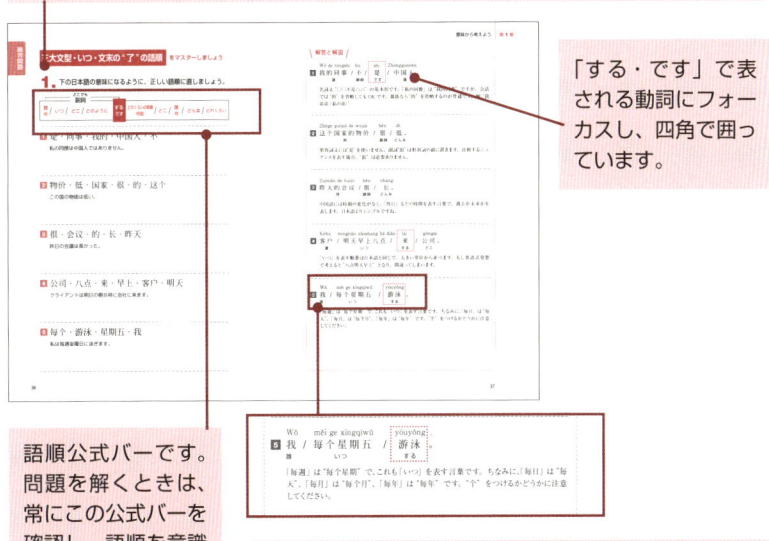

「する・です」で表される動詞にフォーカスし、四角で囲っています。

語順公式バーです。問題を解くときは、常にこの公式バーを確認し、語順を意識しましょう。

フレーズを公式バーに準拠する意味の切れ目で分け、スラッシュで表記しています。「する」で表される動詞には、方向、結果、可能を表す言葉も含めています。

ランダム確認問題 100

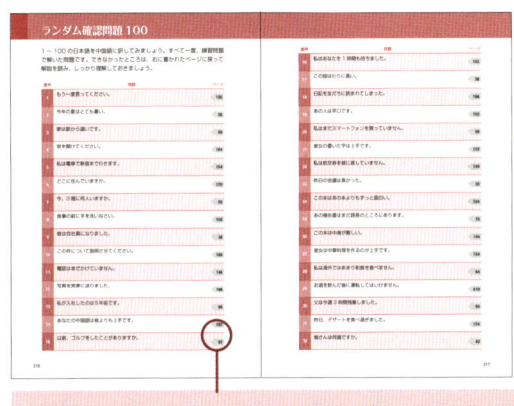

1章から4章までに掲載された練習問題から、100問選び、1の整序問題も含めて、すべてを作文問題にしています。順番はランダムに配列しています。中国語の語順が定着したかどうか、確認しましょう。

問題が掲載されたページです。できなかった問題はそのページに戻り、解説をしっかりチェックしましょう。

13

第1章
意味から考えよう

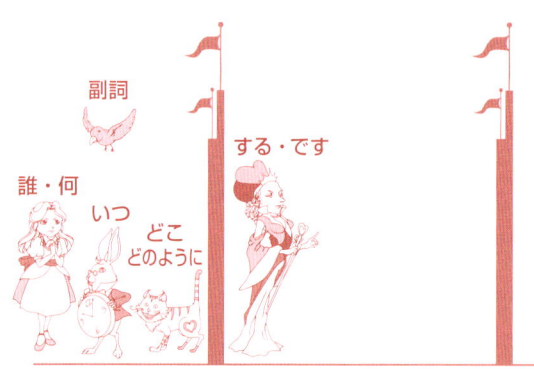

みんなはどんな役割に
なるのかしら

第1章 意味から考えよう

◆ この章では、おもにどんなことをするのですか？

① 三大文型の基本的な語順をマスターします。
② 「いつ、どこ、どのように、副詞」の位置をマスターします。

◆ 三大文型とは何ですか？

　①名詞文、②形容詞文、③動詞文で、次のような内容の文です。

① あれは**何**だろう？
② あれは**どんな感じ**だろう？
③ あれは、**どこにあるの？　どうしたの？　これからどうなるの？**

　日本語においても、中国語においても、上記は私たちが何かを考えるときに使う基本的な3つのパターンです。

◆ どんな方法で語順をおぼえるのですか？

　左のイラストでは、「誰・何」をアリス、「する・です」を女王、「どんな」を帽子屋などで表しています。キャラクターの意味を理解し、語順をおぼえましょう。

◆ 何か気をつけることはありますか？

　言葉の意味に専念しましょう。主語、述語、目的語の対応関係を無理して考えないでください。雑念をなくせば、脳が冴えます。

　では、アリスたちと一緒に「中国語の語順」の旅を始めましょう。

1 誰・何

三大文型を話す前に、まず「誰・何」を表すアリスをご紹介しましょう。アリスは、「私の同僚」「3冊の本」「昨日買ったケース」といった人やモノを表す言葉です。

みなさんは「アリスって、主語なの？ 名詞なの？」と考えるかもしれません。

じつは、アリスは主語にも目的語にもなり、名詞とは限らないのです。次の4種類があります。

・名詞
・指示代名詞＋数字＋量詞＋名詞
・修飾語＋修飾される名詞
・……的

文法用語にとらわれず、意味から考えましょう。
では、アリスの名詞以外の3つの形を見てみましょう。

下の言葉は、何を数える言葉でしょうか。線でつなげてみましょう。

家　条　本　张　只　杯

裙子　熊猫　饭店　杂志　咖啡　车票

答え：家→饭店　条→裙子　本→杂志　张→车票　只→熊猫　杯→咖啡

① 指示代名詞＋数字＋量詞＋名詞

　みなさんは中国語を勉強し始めたころに、"这"（この）と"那"（あの）を習ったと思います。この"这"や"那"は指示代名詞と言います。
　また、人やモノを数えるときに使う言葉に、量詞があります。"本"（冊）、"张"（枚）、"条"（本）などです。
　指示代名詞、数字、量詞、名詞を一緒に使うときには、次のようなルールがあります。

指示代名詞	＋	数字	＋	量詞	＋	名詞
这		三		本		书
那		（一）		个		人
那		（一）		些		东西

　"一"は省略されることが多く、"那一个人"は普通"那个人"と言います。
　日本語では、「本を1冊買った」のように、数字と名詞が離れているときもありますが、中国語では必ず"我买了一本书。"（1冊の本を買った）のように、「数字＋量詞＋名詞」をつなげて言います。
　そのため、"那三本书"（あの3冊の本）、"那些人"（それらの人）のように、「指示代名詞＋数字＋量詞＋名詞」をひとつのかたまりとして考えることができます。これがアリスのひとつの形です。

这本书是你的吗？　　Zhè běn shū shì nǐ de ma？
　　　　　　　　　　　この本はあなたのですか。

我昨天买了**那些东西**。　Wǒ zuótiān mǎile nàxiē dōngxi.
　　　　　　　　　　　私は昨日、それらの品を買いました。

② 修飾語＋修飾される名詞

名詞を修飾したり限定したりするときは、次の形になります。

修飾語		修飾される名詞
我昨天买	**的**	蛋糕
私が昨日買った		ケーキ

本書では、「修飾語＋修飾される名詞」＝「アリス」とします。
次の2点に気をつけましょう。

① 修飾語と修飾される名詞のあいだに"的"を入れましょう。
② 修飾語には"了"をつけません。

　上の例を見ると、"买"の後に"了"がないので、(これから)買うケーキか、(すでに)買ったケーキかはわからないですよね。これは文脈で判断するしかありません。"了"の使い方について、詳しくは33ページ、87〜91ページを参照してください。

这是她买<u>的</u>蛋糕。　　Zhè shì tā mǎi de dàngāo.
　　　　　　　　　　　これは彼女が買ったケーキです。

我在找小王送给我<u>的</u>手套。　Wǒ zài zhǎo Xiǎo Wáng sònggěi wǒ de shǒutào.
　　　　　　　　　　　　　私は王さんからもらった手袋を探しています。

③ ……"的"

「誰・何」はときどき"的"で終わります。この"的"は日本語の「の」と同じように使い、何を指すかは文脈で判断します。

この"〜的"もアリスのひとつの形です。

那个杯子是你<u>的</u>吗？　　Nàge bēizi shì nǐ de ma？
　　　　　　　　　　　　　あのコップはあなたのですか？

小王送给我<u>的</u>是这副手套。　Xiǎo Wáng sònggěi wǒ de shì zhè fù shǒutào.
　　　　　　　　　　　　　王さんからもらったのは、この手袋です。

次の"的"が入っているのは人を指す言葉です。どんな職業かわかりますか。線でつなげてください。

做饭的　　开车的　　教书的　　做生意的

先生　　料理人　　商売人　　ドライバー

答え：做饭的→料理人　开车的→ドライバー　教书的→先生　做生意的→商売人

2 名詞文

◆ 名詞文とは？

名詞文とは、「誰・何とは何か」を伝える文です。日本語の「……は～です」にあたります。名詞文には以下の2種類があります。

①"是"を使う名詞文

他**是**我的老师。　　　　　Tā shì wǒ de lǎoshī.
　　　　　　　　　　　　　彼は私の先生です。

②"是"を使わない名詞文

今天星期六。　　　　　　　Jīntiān xīngqīliù.
　　　　　　　　　　　　　今日は土曜日です。

◆ 名詞文の語順の特徴

①"是"を使う名詞文の場合

イラストで、真ん中に据えるハートの女王は"是"（です）を、アリスは「誰・何」を表します。女王が、両側にいるアリス（「誰・何」）の関係を決めるのです。

両側のアリスが同じではないとき、女王は"不是"となります。

那三个人**不是**中国人。　　Nà sān ge rén bú shì Zhōngguórén.
　　　　　　　　　　　　　あの3人は中国人ではありません。

这**是**昨天买的蛋糕。　　　Zhè shì zuótiān mǎi de dàngāo.
　　　　　　　　　　　　　これは昨日買ったケーキです。

我知道的**是**这家电影院。　Wǒ zhīdao de shì zhè jiā diànyǐngyuàn.
　　　　　　　　　　　　　私が知っているのは、この映画館です。

名詞文とは、「誰・何とは何か」を伝える文です。

他	是	我的老师。
那三个人　不	是	中国人。
这	是	昨天买的蛋糕。
那件衣服		多少钱？
那件衣服		350 块。

> **イメージ**
>
> アリスは「誰・何」、ハートの女王は"是"（です）を表します。支配欲の強い女王は、"是（＝）"または"不是（≠）"で両側のアリスの関係を決めます。女王がいないときもあります。その場合は、右側のアリスが、曜日、年齢など数字であることが多いです。

② "是"を使わない名詞文の場合

　年齢、曜日、値段など数字と関係のある名詞文では、たいていの場合、"是"を使いません。ただし、否定文にはかならず"不是"を使います。
　たとえば、「私、今年20歳です」という文を日本語で考えると、「私は学生です」という文と同じ構造になります。当然、"是"を使うと思われますが、じつは次のように言います。

| 我今年 20 岁。 | Wǒ jīnnián èrshí suì.
私、今年、20 歳です。 |

この場合、女王が真ん中にいないことを確認しましょう。

| 那件衣服多少钱？ | Nà jiàn yīfu duōshao qián？
あの服はいくらですか。 |

| 那件衣服 350 块 | Nà jiàn yīfu sānbǎi wǔshí kuài.
あの服は 350 元です。 |

　また、中国語は過去形を使いませんので、過去の事実を言うとき、"了"などの言葉を使いません。

| 他去年是老师。 | Tā qùnián shì lǎoshī.
彼は去年先生でした。 |

　"是"をめぐる他の話は、56 〜 59 ページで説明します。

◆ 疑問文について

　みなさんは、疑問文を構文ごとに習ったことがあると思いますが、ここでは、名詞文を例に疑問文の特徴を説明しておきます。

　じつは、"吗"を使うかどうかに注目すれば、疑問文が使いこなせます。"吗"を使う疑問文は、「平叙文＋"吗"」の形です。

> 他是你的同事吗？　　　Tā shì nǐ de tóngshì ma？
> 　　　　　　　　　　　彼はあなたの同僚ですか。

"吗"を使わない疑問文には、次の2種類があります。

① 疑問詞を使う疑問文

> 他是谁的同事？　　　Tā shì shuí de tóngshì？
> 　　　　　　　　　　彼は誰の同僚ですか。

② 選択肢が与えられる疑問文

> 他是不是你的同事？　　Tā shì bu shì nǐ de tóngshì？
> 　　　　　　　　　　　彼はあなたの同僚ですか。

> 他是你的同事，还是你的男朋友？
> Tā shì nǐ de tóngshì, háishi nǐ de nánpéngyou？
> 彼はあなたの同僚ですか、それとも彼氏ですか。

　"吗"を使わない疑問文に、"呢"を使うことがあります。"呢"を使うと、語調は少し柔らかくなります。

> 他是不是你的同事呢？　　Tā shì bu shì nǐ de tóngshì ne？
> 　　　　　　　　　　　　彼はあなたの同僚でしょうか。

> 他是你的同事，还是你的男朋友呢？
> Tā shì nǐ de tóngshì, háishi nǐ de nánpéngyou ne？
> 彼はあなたの同僚でしょうか、それとも彼氏でしょうか。

3 形容詞文

◆ 形容詞文とは？

形容詞文とは、「誰・何はどんな感じ」かを伝える文です。形容詞文には以下の2種類があります。

① 副詞を使う形容詞文

今天**很**冷。　　　　　　Jīntiān hěn lěng.
　　　　　　　　　　　　今日は寒いです。

②副詞を使わない形容詞文

这台电脑贵。　　　　　　Zhè tái diànnǎo guì.
　　　　　　　　　　　　このパソコンのほうが高い。

◆ 形容詞文の語順の特徴

① 副詞を使う形容詞文の場合

　イラストでは、帽子屋は「どんな」(形容詞)を表します。文中には、女王(です)がいません。このことを「帽子屋は女王と仲が悪い」とおぼえましょう。形容詞の前には、副詞があります。
　副詞は"真"、"太"などで、文末に「！」がつくのは、感嘆文です。

这个菜**真**好吃！　　　　Zhè ge cài zhēn hǎochī !
　　　　　　　　　　　　この料理は、本当においしい！

那张画**太**好看了！　　　Nà zhāng huà tài hǎokàn le !
　　　　　　　　　　　　あの絵はなんて素晴らしい！

意味から考えよう | 第 1 章

形容詞文とは、「誰・何はどんな感じ」かを伝える文です。

| 誰・何 | いつ | どこ | どのように | する です | どのくらいの時間 何回 | どこ | 誰・何 | どんな | どれくらい |

今天	很		冷。
那张画	太		好看了！
中文	很		简单。
那部电影	很		有意思。
这台电脑			贵。

> **イメージ**
>
> 帽子屋は「どんな」（形容詞）を表します。帽子屋はアリスと仲がいいので一緒にいることができますが、女王「する・です」とは仲が悪いので、めったに顔を合わせることはありません。また、普通、帽子屋の前には副詞をつけますが、ほかの「モノ・こと」と比較するときには、副詞をつけません。

"很"、"特別"、"相当"、"不太"などの副詞がつく文は、平叙文です。

| 中文很简单。 | Zhōngwén hěn jiǎndān.
中国語は簡単です。

| 工作不太忙。 | Gōngzuò bú tài máng.
仕事はそれほど忙しくない。

"有意思"（面白い）、"没有意思"（面白くない）も形容詞として考えましょう。

| 那部电影很有意思。 | Nà bù diànyǐng hěn yǒu yìsi.
あの映画は面白い。

　上記のように、"真"、"不太"、"特別"、"很"といった副詞がつくことは、形容詞文のひとつの特色です。日常会話の場合も同じです。たとえば、熱いコップを触ったら、日本人は「あつっ」と言いますが、中国人はかならず"好烫"hǎotàngと言います（好＝とても、烫＝やけどするほど熱い）。

② 副詞を使わない形容詞文の場合

　①であげられた例は、すべて比較する対象がないケースです。その場合、副詞が必須です。そのため、次の文にはふたつの理解ができます。

| 中文很简单。 | 中国語はとても簡単です。
（この場合、"很"を強く発音する）
中国語は簡単です。

「中国語は簡単です」という文に"很"がありますが、べつに「とても」という意味は入っていません。

逆に、**比較する対象があれば、副詞を使わなくていい**のです。

| **这台电脑贵。** | Zhè tái diànnǎo guì.
このパソコンのほうが高い。 |

　副詞をつけるかどうかで、ニュアンスは微妙に違います。もし、他のパソコンを意識せずに話す場合は、"这台电脑很贵。"と言いましょう。それに対して、パソコンが何台もあり、その中の１台を指していうときは、"这台电脑贵。"と言います。

| **哥哥高，弟弟矮。** | Gēge gāo, dìdi ǎi.
兄は高く、弟は低い。 |

　この文は兄と弟について話しているので、ふたりを比較するニュアンスがあります。ですから副詞を使わなくてもいいのです。
　しかし、下の文のように"很"を使ってもいいケースもあります。この場合、"很"は「とても」の意味で使います。

| **哥哥很高，弟弟不太高。** | Gēgē hěn gāo, dìdi bú tài gāo.
兄はとても高いが、弟はあまり高くない。 |

　また、中国語では過去形を使わないので、過去の事実についても"了"などをつける必要はありません。

| **昨天很热。** | Zuótiān hěn rè.
昨日は暑かった。 |

4 動詞文

◆ 動詞文とは？

動詞文とは、「誰・何」が「どこにいる（ある）の？ どうしたの？ これからどうなるの？」を伝える文です。

◆ 動詞文の種類

動詞文にはいくつかのタイプがあります。イラストは、一番シンプルな「主語＋動詞＋目的語」の形の動詞文を表しています。

①「主語＋動詞＋目的語」の形の文	この章で説明します。
② 連動文	この章で説明します。
③ "有"、"在" を使って存在を表す文	第2章で説明します。
④ 二重目的語文	第2章で説明します。
⑤「動詞＋文」の形の文	第3章で説明します。
⑥ 使役文	第4章で説明します。
⑦ "被" を使う文	第4章で説明します。
⑧ "把" を使う文	第4章で説明します。

動詞文とは、「誰・何」が「どこにいる（ある）の？　どうしたの？　これからどうなるの？」を伝える文です。

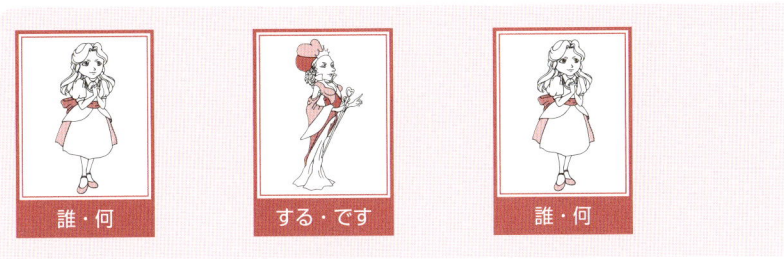

我　　　　　　　　　吃了　　　　　　　　　一个苹果。

今年人数　　　　　　増加了。

> **イメージ**
>
> 女王は「する」（動詞）を表します。動詞は種類が多いので、女王の役割もさまざまです。

これほど多くの動詞文があるのは、動詞の意味と関係があるからです。

①「主語＋動詞＋目的語」の形の文

この場合の動詞は、「食べる」という「動作」や「増えた」という「状態の変化」と関係があります。

我吃了一个苹果。	Wǒ chīle yí ge píngguǒ.
	私はリンゴをひとつ食べました。
今年人数增加了。	Jīnnián rénshù zēngjiā le.
	今年、人数が増えました。

② 連動文

ひとつの文の中にふたつの動詞があります。

她坐飞机去中国。	Tā zuò fēijī qù Zhōngguó.
	彼女は飛行機で中国に行きます。
她去北京出差。	Tā qù Běijīng chūchāi.
	彼女は北京へ出張に行きます。

③ "在"、"有" を使って「存在」を表す文

「人・モノがいる・ある」といった内容と関係があります。

我在办公室。	Wǒ zài bàngōngshì.
	私はオフィスにいます。
房间里没有人。	Fángjiān li méiyǒu rén.
	部屋には誰もいません。

④ 二重目的語文

この場合の動詞は「与える—受ける」という授受関係を表します。

她教我汉语。	Tā jiāo wǒ Hànyǔ.
	彼女は私に中国語を教えます
我没告诉他这件事。	Wǒ méi gàosu tā zhè jiàn shì.
	彼にこのことを教えていません。

⑤「動詞＋文」の形の文

"知道"、"觉得"、"发现"、"感到"などの動詞を使います。

我觉得学汉语很有意思。　　Wǒ juéde xué Hànyǔ hěn yǒu yìsi.
中国語の勉強は楽しいと思います。

我知道他明天不来。　　Wǒ zhīdao tā míngtiān bù lái.
彼が明日来ないことを、私は知っています。

⑥ 使役文

"请"、"让"、"叫"、"使"などの動詞を使い、「～させる」という意味を表します。

妈妈叫孩子睡觉。　　Māma jiào háizi shuìjiào.
母親は子どもを寝かせます。

我让他早点儿回来。　　Wǒ ràng tā zǎo diǎnr huílai.
彼に早く帰ってきてもらいます。

⑦ "被"を使う文

"被"は動詞ではありませんが、被害、迷惑などのニュアンスを表します。

我的辞典被他拿回家了。　　Wǒ de cídiǎn bèi tā náhuí jiā le.
私の辞書は彼に持って帰られました。

他被偷走了一万日元。　　Tā bèi tōuzǒu le yí wàn rìyuán.
彼は 1 万円を盗まれました。

⑧ "把"を使う文

"把"（～を）という前置詞を使って、目的語を動詞の前に出す文です。

请把菜单拿来。　　Qǐng bǎ càidān nálai.
メニューを持ってきてください。

他把我的行李送到了二楼。　　Tā bǎ wǒ de xíngli sòngdàole èr lóu.
彼は私の荷物を 2 階まで届けてくれました。

まとめ

　ここまで、①名詞文、②形容詞文、③動詞文をそれぞれ紹介しました。
おぼえるために、以上の3つの文型を次の1枚の図に合わせて表しましょう。

　これから、「いつ、どこ、どのように」などの要素を加えていきます。
その前に、次に文末の"了"の話をします。

文末の"了"は「変化」を表す

　ここで、中国語を勉強する上で乗り越えなければならない壁のひとつである、"了"についてご説明しましょう。

"了"とは変化を示すマークです。

他是老师了。　　　　　　Tā shì lǎoshī le.
　　　　　　　　　　　　彼は先生になりました。

放了一点儿糖，就好吃了。　Fàngle yìdiǎnr táng, jiù hǎochī le.
　　　　　　　　　　　　砂糖を少し入れると、おいしくなった。

已经星期六了。　　　　　　Yǐjīng xīngqīliù le.
　　　　　　　　　　　　もう土曜日だ。

我知道了。　　　　　　　Wǒ zhīdao le.
　　　　　　　　　　　　わかった（わかるようになった）。

　"了"を見たときに「過去」を連想する方が多いようですが、じつは**中国語には過去形を使いません**。過去のことを、まるで現在のことのように話します。

　また、「完了」は、動作を表す一部の文のみと関係があります。名詞文や形容詞文や"我不知道"のような状態を表す文に"了"があると、それはすべて**状態の変化**を表します。

　"了"の話の続きは、87～91ページを参照してください。

　ちなみに、文末の"了"は、本書の公式の中では示していません。

5 いつ

◆「いつ」とは？

イラストで、「時計を持っている白ウサギ」は「いつ」を表しています。「いつ」とは、次のような時間を表す言葉です。

① "昨天" zuótiān（昨日）、"三点" sān diǎn（3時）、"五月三号" wǔyuè sān hào（5月3日）のような時間を表す言葉

② "～以前" yǐqián（～する前）、"～的时候" de shíhou（する・したとき）、"～以后" yǐhòu（～した後）を伴う言葉

◆「いつ」の位置

三大文型において、**「いつ」は動詞、形容詞の前**に置かれます。「誰・何」と順番を変えることもできます。

昨天很凉快。	Zuótiān hěn liángkuai. 昨日は涼しかったです。
我**下个星期六**休息。	Wǒ xià ge xīngqīliù xiūxi. 来週の土曜日は休みます。
他看书**时**不听音乐。	Tā kàn shū shí bù tīng yīnyuè. 彼は本を読んでいるときには音楽を聞きません。
他来日本**以前**是老师。	Tā lái Rìběn yǐqián shì lǎoshī. 日本に来る前、彼は教師をしていました。

「どのぐらいの時間」との違いは、101ページを参照してください。

意味から考えよう　第1章

「いつ」を表すのは白ウサギ。動詞の前に置かれます。

| 誰・何 | いつ | する・です | 誰・何 | どんな |

副詞（どこでも）

誰/何 / いつ / どこ / どのように / する です / どのくらいの時間・何回 / どこ / 誰/何 / どんな / どれくらい

　　　昨天　　　很　　　　　　　　　　凉快。

我　下个星期六　　　休息。

他　看书时　不　　听　　　　音乐。

他　来日本以前　　是　　　　老师。

イメージ

時計を持っている白ウサギは「いつ」を表します。語順は日本語と同じです。白ウサギと「どのぐらいの時間」（時間の長さ）を表す騎士（後述）は間違えやすいので気をつけましょう。

三大文型・いつ・文末の"了"の語順 をマスターしましょう

1. 下の日本語の意味になるように、正しい語順に直しましょう。

誰/何	いつ	どこ	どのように	する／です	どのくらいの時間／何回	どこ	誰／何	どんな	どれくらい

副詞（どこでも）

1 是・同事・我的・中国人・不
私の同僚は中国人ではありません。

2 物价・低・国家・很・的・这个
この国の物価は低い。

3 很・会议・的・长・昨天
昨日の会議は長かった。

4 公司・八点・来・早上・客户・明天
クライアントは明日の朝8時に会社に来ます。

5 每个・游泳・星期五・我
私は毎週金曜日に泳ぎます。

\ 解答と解説 /

1 Wǒ de tóngshì bú shì Zhōngguórén.
我的同事 / 不 / 是 / 中国人 。
　　誰　　　　副詞　です　　誰

名詞文 "○○不是△△" の基本形です。「私の同僚」は "我的同事" ですが、会話では "的" を省略しても OK です。親族なら "的" を省略するのが普通です。例："我弟弟（私の弟）"

---

2 Zhège guójiā de wùjià hěn dī.
这个国家的物价 / 很 / 低 。
　　　何　　　　副詞　どんな

形容詞文には "是" を使いません。副詞 "很" は形容詞の前に置きます。比較するニュアンスを表す場合、"很" は必要ありません。

---

3 Zuótiān de huìyì hěn cháng.
昨天的会议 / 很 / 长 。
　　何　　　副詞　どんな

中国語には時制の変化がなく、「昨日」などの時間を表す言葉で、過去か未来かを表します。日本語よりシンプルですね。

---

4 Kèhù míngtiān zǎoshang bā diǎn lái gōngsī.
客户 / 明天早上八点 / 来 / 公司 。
誰　　　　いつ　　　　する　　どこ

「いつ」を表す順番は日本語と同じで、大きい単位から並べます。もし英語式発想で考えると "八点明天早上" となり、間違ってしまいます。

---

5 Wǒ měi ge xīngqīwǔ yóuyǒng.
我 / 每个星期五 / 游泳 。
誰　　　いつ　　　する

「毎週」は "每个星期" で、これも「いつ」を表す言葉です。ちなみに、「毎日」は "每天"、「毎月」は "每个月"、「毎年」は "每年" です。"个" をつけるかどうかに注意してください。

練習問題

| 誰/何 | いつ | どこ | どのように | **する です** | どのくらいの時間/何回 | どこ | 誰/何 | どんな | どれくらい |

副詞 — どこでも

6 非常・夏天・今年・热

今年の夏はとても暑い。

7 贵・衣服・比较・这件

この服はわりに高い。

8 吃・不太・甜食・他

彼はあまり甘いものを食べません。

9 好吃・家・这・不太・店

この店はあまりおいしくありません。

10 他・了・上班族・是

彼は会社員になりました。

11 红・苹果・树上・了・的

木の上のりんごが赤くなりました。

\\ 解答と解説 /

6 今年夏天 / 非常 / 热。
Jīnnián xiàtiān　fēicháng　rè.
　　いつ　　　　副詞　　どんな

副詞"非常"を「どんな」の前に置きましょう。"非常"などの副詞がある場合、"很"はいりません。

---

7 这件衣服 / 比较 / 贵。
Zhè jiàn yīfu　bǐjiào　guì.
　　何　　　　副詞　　どんな

中国語の副詞"比较"は「わりに」という意味です。"比较"という漢字を見て「比べる」を連想するかもしれませんが、「比べる」という意味で使うときは、"A 和 B 比较"（AとBを比べると）の形になります。

---

8 他 / 不太 / 吃 / 甜食。
Tā　bú tài　chī　tiánshí.
　誰　副詞　する　何

「あまり～ない」は副詞"不太"（あまり）を用いて表します。"不太"はかならず動詞の前に置きます。副詞"经常"（よく）も同じです。

---

9 这家店 / 不太 / 好吃。
Zhè jiā diàn　bú tài　hǎochī.
　　何　　　副詞　　どんな

副詞"不太"はかならず形容詞の前に置きます。

---

10 他 / 是 / 上班族 / 了。
Tā　shì　shàngbānzú　le.
　誰　です　　何

これは名詞文の後に"了"をつける問題です。"了"の意味は「～になった」です。"上班族"は文字どおりで「出勤族」です。出勤族はあくまでも人の集団の特徴を表す言葉であって、職種ではありません。サラリーマンは"公司职员"とも言います。

---

11 树上的苹果 / 红 / 了。
Shù shàng de píngguǒ　hóng　le.
　　　　何　　　　　　どんな

「修飾語＋的＋修飾される名詞」の語順に注目してください。変化を表す"了"は形容詞文の文末につけましょう。

2. 中国語に訳しましょう。

```
            どこでも
         ┌── 副詞 ──┐
 誰  /    /    /          / する / どのくらいの時間 /    / 誰  /      /
 何    いつ   どこ  どのように   です      何回         どこ   何   どんな  どれくらい
```

1 今月の20日は何曜日ですか。

2 娘さんは何歳ですか。

3 この店の料理はおいしい。

4 彼女のご主人はとても格好いい。

5 いつ会社に行きますか。

意味から考えよう　第1章

\ 解答と解説 /

1 　Zhè ge yuè de èrshí hào　　xīngqī jǐ?
　　这个月的二十号　/　星期几？
　　　　　いつ　　　　　　　　何

「今月」は「指示代名詞"这"＋量詞"个"＋名詞"月"」です。「先月」は"上个月"で、「来月」は"下个月"です。12の月がつながっているカレンダーを想像してみてください。一番上は1月、一番下は12月ですね。つまり、今月が2月なら、1月（先月）が上、3月（来月）が下になりますね。「今月、先月、来月」はすべてカレンダーの上下関係で表現します。また、"星期"（週）の場合も同様に、"上"、"下"を使います。例："下个星期"（翌週）。

2 　Nǐ de nǚ'ér　　jǐ suì?
　　你的女儿　/　几岁？
　　　　誰　　　　　何

通常、曜日、日付、年齢、値段など数字に関する名詞文に"是"は使いません。"你女儿多大了？"とも言います。

3 　Zhè jiā diàn de cài　　hěn　　hǎochī.
　　这家店的菜　/　很　/　好吃。
　　　　　何　　　　　副詞　　どんな

「店」の量詞は"家"です。家のようにアットホームな店がいいですね。一部の形容詞は「"好"＋動詞」で作られます。"好吃"（食べて美味しい）、"好喝"（飲んでおいしい）、"好看"（きれい、面白い）、"好闻"（香りがいい）などがあります。

4 　Tā de xiānsheng　　hěn　　shuài.
　　她的先生　/　很　/　帅。
　　　誰　　　　　副詞　　どんな

男性に対する敬称には"先生"を使いますが、呼称の「ご主人、旦那さん」にも"先生"を使います。奥さんは"太太"です。ちなみに、若い女性に対する敬称は"小姐"で、中年くらいになったら"女士"（マダム）を使います。
例："李先生"は男性の「李さん」、"李小姐"は若い女性の「李さん」、"李女士"は中年くらいの女性の「李さん」です。

5 　Nǐ　　shénme shíhou　　qù　　gōngsī?
　　你　/　什么时候　/　去　/　公司？
　　誰　　　　いつ　　　　する　　　何

「いつ」は"什么时候"で、「何時」なら"几点"です。ちなみに、「どこ」は"什么地方"あるいは"哪里"です。

練習問題

誰/何	いつ	どこ	どのように	する／です	どのくらいの時間／何回	どこ	誰/何	どんな	どれくらい

副詞（どこでも）

6 今日の晩ご飯は非常に豪華です。

7 この問題は比較的簡単です。

8 彼はよく中国の映画を見ます。

9 息子はあまり野菜を食べない。

10 今年の4月、彼は大学生になりました。

11 帰国後、彼は太ってしまいました。

意味から考えよう | 第 1 章

\ 解答と解説 /

6 Jīntiān de wǎnfàn　fēicháng　fēngshèng.
今天的晚饭 / 非常 / 丰盛。
　　何　　　　副詞　　どんな

「食べ物の量が多く、豪華」な状態を表す形容詞は"丰盛"です。副詞"非常"は形容詞の前に置きましょう。

7 Zhège wèntí　bǐjiào　jiǎndān.
这个问题 / 比较 / 简单。
　何　　　副詞　　どんな

日本語の「簡単」は、中国語に訳すと"简单"でもいいですし、"容易" róngyì も使えます。副詞は形容詞の前に置きましょう。

8 Tā　jīngcháng　kàn　Zhōngguó diànyǐng.
他 / 经常 / 看 / 中国电影。
誰　　副詞　　　する　　　何

「よく～する」は中国語で"经常"あるいは"常常" chángcháng です。動詞の前に置きます。

9 Érzi　bú tài　chī　shūcài.
儿子 / 不太 / 吃 / 蔬菜。
誰　　副詞　　する　　何

「あまり～ない」は"不太"を使い、動詞の前に置きましょう。

10 Tā　jīnnián sìyuè　shì　dàxuéshēng　le.
他 / 今年四月 / 是 / 大学生 / 了。
誰　　いつ　　　です　　何

「～になりました」という意味を表すため、名詞文の文末に"了"をつけましょう。

11 Tā　huíguó hòu　pàng　le.
他 / 回国后 / 胖 / 了。
誰　　いつ　　どんな

「～した後」には"～后"または"～以后"を使います。反対に「～する前」は"～前"または"～以前" yǐqián を使います。「太った」は「太く+なった」と置き換えて考え、文末に"了"をつけてましょう。

43

6 どこ・どのように

◆「どこ・どのように」とは？

「どこ・どのように」とは、動作が起きた場所、手段などを示すフレーズ（句）です。

イラストでは、「チェシャ猫」で「どこ・どのように」を表しています。チェシャ猫は背中に何かを乗せています。この形で、「どこ・どのように」はひとつの詞ではなく、ひとつのフレーズであることをイメージしましょう。具体的には次のような内容です。

①「どこ」を表す言葉

「どこで、どこから、どこまで」を表す前置詞フレーズには、下記のようなものがあります。

在东京	zài Dōngjīng	東京で
从中国	cóng Zhōngguó	中国から
到新宿	dào Xīnsù	新宿まで
离广州	lí Guǎngzhōu	広州から

②「どのように」を表す言葉

これは、広い意味で考えましょう。まず次のようなフレーズがあります。

■ 前置詞フレーズ

从 10 点	cóng shí diǎn	10時から
到 12 点	dào shí'èr diǎn	12時まで
给王先生	gěi Wáng xiānsheng	王さんに
跟李小姐一起	gēn Lǐ xiǎojiě yìqǐ	李さんと一緒に

「どこ」「どのように」を表すのはチェシャ猫です。

| 誰・何 | いつ | どこ・どのように | する・です | 誰・何 |

副詞（どこでも）

誰/何 | いつ | どこ | どのように | **する／です** | どのくらいの時間／何回 | どこ | 誰／何 | どんな | どれくらい

他	跟李小姐一起	喝	咖啡。
他	跟王老师	学	汉语。
我家	离公司	很	近。
我		去中国 旅游。	
我		用筷子 吃	面条。

イメージ

チェシャ猫は「どこ・どのように」を表します。「チェシャ猫＋背中に乗せているもの」で、前置詞フレーズや動詞フレーズを表します。チェシャ猫は、女王の前にも後ろにもいる可能性があります。

■ 動詞フレーズ

去中国　　　　　　　　qù Zhōngguó　　中国に行って

用筷子　　　　　　　　yòng kuàizi　　箸を使って

◆「どこ・どのように」の位置

　三大文型の中で、「どこ・どのように」は「誰・何」や「いつ」の後、動詞、形容詞の前に置かれます。

他跟李小姐一起喝咖啡。　　Tā gēn Lǐ xiǎojiě yìqǐ hē kāfēi.
　　　　　　　　　　　　　彼は李さんと一緒にコーヒーを飲みます。

他跟王老师学汉语。　　　　Tā gēn Wáng lǎoshī xué Hànyǔ.
　　　　　　　　　　　　　彼は王先生に中国語を習っています。

我家离公司很近。　　　　　Wǒjiā lí gōngsī hěn jìn.
　　　　　　　　　　　　　うちは会社から近いです。

◆ 前置詞と動詞

　"在"、"从"、"到"、"给"、"跟"などの漢字は、前置詞でもあり、動詞でもあるため、これらの字を見たとき、動詞か前置詞かで迷うことがあります。その場合は、次のように考えましょう。

　文の中で、他に動詞がなければ、これらが動詞となり、他に動詞があれば、前置詞となります。

故宫到了。（動詞）　　　　Gùgōng dào le.
　　　　　　　　　　　　　故宮に着いた。

我坐到人民广场。（前置詞）Wǒ zuò dào Rénmín Guǎngchǎng.
　　　　　　　　　　　　　人民広場まで乗る（人民広場で降りる）。

这是他给我的。（動詞）　　Zhè shì tā gěi wǒ de.
　　　　　　　　　　　　　これは彼が私にくれたものです。

我给你买吧。（前置詞）　　Wǒ gěi nǐ mǎi ba.
　　　　　　　　　　　　　私があなたに買ってあげましょう。

動詞フレーズと連動文

　本文の中で「動詞フレーズ」という言葉を使いました。これは「動詞＋名詞」という形を指します。

　動詞フレーズを動詞文に入れると、ふたつの動詞がある文になります。これを連動文と言い、おもに2種類あります。

① "来～"、"去～" ＋行動」というタイプ

> 我去中国旅游。　Wǒ qù Zhōngguó lǚyóu.
> 　　　　　　　私は中国へ旅行に行きます。

②「手段＋行動」というタイプ

　日本語では、「～で」で手段を指しますが、中国語では「～で」に対応する字がありません。そこで、"用筷子～"（箸で）、"坐飞机～"（飛行機で）、"打电话～"（電話で）などの動詞を用いて表現します。

> 我用筷子吃面条。　Wǒ yòng kuàizi chī miàntiáo.
> 　　　　　　　　私は箸で麺を食べます。

　このような連動文の語順は、動作が起きる順番で考えましょう。先に起きることを先に、後のことを後に言いましょう。

練習問題

「どこ・どのように」の語順 をマスターしましょう

1. 下の日本語の意味になるように、正しい語順に直しましょう。

```
                    どこでも
                    副詞
誰/いつ/どこ/どのように / する / どのくらいの時間 / どこ / 誰 / どんな / どれくらい
何                     です   何回              何
```

1 会议室・明天・在・开会・我们

私たちは明日、会議室で会議をします。

2 给・男朋友・她・巧克力・情人节・做

彼女はバレンタインデーに恋人にチョコレートを作ってあげます。

3 机场・明天・一早・客户・去・我・跟

明日は朝一番でクライアントと一緒に空港へ行きます。

4 体育馆・在・打・网球・每周日下午・我

私は毎週日曜日の午後に体育館でテニスをします。

5 在・和客户・后天中午・吃・饭・老板・宾馆

社長はあさっての昼、ホテルでクライアントと食事をします。

意味から考えよう　第1章

\ 解答と解説 /

1
Wǒmen / míngtiān / zài huìyìshì / kāihuì.
我们 / 明天 / 在会议室 / 开会 。
誰　　　いつ　　　どこ　　　　する

"在"と"会议室"を合わせて「どこ」を表すフレーズを作り、動詞文に加えましょう。"会议"は名詞の「会議」ですが、「会議する」は"开会"となります。

2
Tā / qíngrénjié / gěi nánpéngyou / zuò / qiǎokèlì.
她 / 情人节 / 给男朋友 / 做 / 巧克力 。
誰　　いつ　　　どのように　　する　　何

"给"と"男朋友"を合わせて、「恋人に」という広い意味での「どのように」を作り、動詞文に加えましょう。同じような表現には"给～打电话"dǎ diànhuà（～に電話をかける）があります。「かけ直す」という場合には"给～回电话"huí diànhuàです。

3
Wǒ / míngtiān yìzǎo / gēn kèhù / qù / jīchǎng.
我 / 明天一早 / 跟客户 / 去 / 机场 。
誰　　いつ　　　どのように　する　どこ

"跟"は「～と」、"跟客户"は「クライアントと」の意味になります。これを広い意味での「どのように」と考えましょう。「朝一番」は"一早"です。"一大早"とも言います。

4
Wǒ / měi zhōurì xiàwǔ / zài tǐyùguǎn / dǎ / wǎngqiú.
我 / 每周日下午 / 在体育馆 / 打 / 网球 。
誰　　いつ　　　　どこ　　　する　何

「毎週日曜日」の言い方にはいくつかあります。"每周日"のほかに、"每个星期天"měi ge xīngqītiān、"每个礼拜天"měi ge lǐbàitiānもよく使います。前置詞"在"は動作を行う場所の前に置きます。日本語なら場所の後ろに「で」を置きますね。

5
Lǎobǎn / hòutiān zhōngwǔ / zài bīnguǎn / hé kèhù / chī / fàn.
老板 / 后天中午 / 在宾馆 / 和客户 / 吃 / 饭 。
誰　　いつ　　　どこ　　　どのように　する　何

文の要素がたくさんあるように見えますが、実際に語順のルールに従って並べたら、簡単にできますね。もし、時間を表す言葉の"后天中午"を強調したいなら、主語"老板"の前に置いても大丈夫です。動作"吃饭"が起きる場所の前には、前置詞"在"が必要です。

49

練習問題

2. 中国語に訳しましょう。

| 誰/何 | いつ | どこ | どのように | する です | どのくらいの時間/何回 | どこ | 誰/何 | どんな | どれくらい |

（副詞：どこでも）

1 週末、彼は会社で仕事をします。

2 私は明日、東京駅に行って新幹線に乗ります。

Hint 「新幹線」は"新干线"。

3 今週の土曜には飛行機で北京に行きます。

4 家は駅から遠い。

5 彼女は同僚からお金を借ります。

＼解答と解説／

1 Tā zhōumò zài gōngsī gōngzuò.
他 / 周末 / 在公司 / 工作 。
　誰　　いつ　　どこ　　する

「週末」は"周末"です。同じような表現に"月末"や"年末"があり、日本語と同じです。「会社で」は"在公司"と訳します。文を日本語と同じ語順で考えましょう。

---

2 Wǒ míngtiān dào Dōngjīngzhàn zuò Xīngànxiàn.
我 / 明天 / 到东京站 / 坐 / 新干线 。
　誰　　いつ　　　どこ　　する　　何

「東京駅に行って」は"到东京站"で、そこから"坐新干线"です。動作の順番が違うと前後の関係も違ってきます。たとえば、"坐新干线到东京站"なら「新幹線で東京駅まで行く」という意味になります。

---

3 Wǒ běn zhōuliù zuò fēijī dào Běijīng.
我 / 本周六 / 坐飞机 / 到 / 北京 。
　誰　　いつ　　どのように　する　　何

ひとつの文に動詞がふたつある連動文です。動詞の順序は動作の起きる順番で決められます。ここでは、まず「飛行機に乗る」、次に「北京に着く」という順番です。飛行機や船などに乗るときは"坐"あるいは"乘"、自転車、バイクなど、またがって乗るものなら"骑"を使います。例："坐船" zuò chuán（船に乗る）、"骑摩托车" qí mótuōchē（バイクに乗る）。

---

4 Wǒ jiā lí chēzhàn hěn yuǎn.
我家 / 离车站 / 很 / 远 。
　何　　どこ　　副詞　どんな

「〜から」は"离"で表します。「〜から近い」は"离〜很近"で、「〜から遠い」は"离〜很远"です。

---

5 Tā xiàng tóngshì jiè qián.
她 / 向同事 / 借 / 钱 。
　誰　　どのように　する　何

前置詞"向"は動作や行為の相手を表すときに使います。よく"向〜学习" xuéxí（〜を手本に勉強する）、"向〜招手" zhāoshǒu（〜に手を振ってあいさつする）、"向〜借钱" jièqián（〜からお金を借りる）、"向〜保证" bǎozhèng（〜に保証する）のように使います。また、"向"は動作や行為の方向を表すときにも使われ、単音節動詞の後に置きます。例："走向" zǒuxiàng（〜のほうへ歩く）、"飞向" fēixiàng（〜のほうへ飛ぶ）、"指向" zhǐxiàng（〜のほうを指差して示す）

7 副詞

◆ 副詞とは？

副詞は7種類もあります。次のページで例を見ながら説明しましょう。

◆ 副詞の位置

副詞の特徴は、ほとんどの場合、**動詞の前に置かれる**ということです。イラストでは、ドードー鳥は副詞を表します。このドードー鳥は、女王の住むお城の中や後ろへは飛んでいけないとおぼえましょう。

我只喝葡萄酒。　　　　　Wǒ zhǐ hē pútáojiǔ.
　　　　　　　　　　　　私はワインしか飲みません。

「ワインだけ」と考えると、"我喝只葡萄酒。"と言いたくなりますよね。しかし、"只"は副詞なので動詞の前に置くのです。

我什么都不喝。　　　　　Wǒ shénme dōu bù hē.
　　　　　　　　　　　　私は何も飲みません。

「私はワインを飲まない」は"我不喝葡萄酒。"
「あなたは何を飲まないのですか？」は"你不喝什么？"
そうしますと、「私は何も飲まない」を"我不喝什么都。"と考える人が出てきます。しかし、実際は"都"という副詞が使われているので、"什么都"は丸ごと動詞の前に置きます。

副詞を表すのはドードー鳥。ほとんどの場合、動詞の前に置かれます。

| 誰・何 | いつ | どこ・どのように | する・です | 誰・何 | どんな |

副詞（どこでも）

| 誰/何 | いつ | どこ | どのように | する です | どのくらいの時間/何回 | どこ | 誰/何 | どんな | どれくらい |

我们	都		去过		北京。
他	已经		有		孩子 了。
他	突然	给我	打了		个电话。
我	没	在学校	吃		饭。

イメージ

ドードー鳥は「副詞」を表します。このドードー鳥は基本的に女王のお城の右へは飛んでいけません。女王のお城の左なら、どの場所に降りても不思議ではありません。

◆ 副詞の使用例

① 範囲を示す副詞：" 也 "、" 都 "、" 只 "、" 还 "

　主語にかかわるか、目的語にかかわるかに関係なく、**副詞は動詞の前に**置かれます。

> 我们都去过北京。
> Wǒmen dōu qùguò Běijīng.
> 私たちみんな北京に行ったことがあります。
>
> 他还会说法语。
> Tā hái huì shuō Fǎyǔ.
> 彼はフランス語もしゃべれます。

② 程度を表す副詞：" 比较 "、" 非常 "、" 真的 "、" 相当 "、" 特别 "

これらの副詞は、形容詞文で大活躍します。

> 最近工作相当轻松。
> Zuìjìn gōngzuò xiāngdāng qīngsōng.
> 最近仕事は相当楽です。

③ 頻度を表す副詞：" 常常 "、" 总是 "、" 又 "、" 再 "、" 还 "

「また」を表す"又"、"再"、"还"も頻度と見なされます。

> 他总是高高兴兴的。
> Tā zǒngshì gāogāoxìngxìng de.
> 彼はいつも楽しそうです。
>
> 请再说一遍。
> Qǐng zài shuō yí biàn.
> もう一度おっしゃってください。

④ 時間を示す副詞：" 已经 "、" 还 "、" 就 "、" 才 "

> 他已经有孩子了。
> Tā yǐjīng yǒu háizi le.
> 彼にはすでに子どもがいます。

⑤ 様態を表す副詞："突然"

動作主の様子を表すので、主語の後ろに置かれます。

他**突然**给我打了个电话。　　Tā tūrán gěi wǒ dǎle ge diànhuà.
　　　　　　　　　　　　　　彼は突然電話をくれました。

⑥ 語気を表す副詞："大概"、"可能"

これらの副詞は話し手の推測などを表し、主語の前に置くこともあります。

大概他还不知道。　　Dàgài tā hái bù zhīdào.
　　　　　　　　　　たぶん彼はまだ知らない。

⑦ 否定を表す副詞："不"、"没"

否定を表す副詞は、置かれる場所によって否定する内容が異なります。

① 我在学校**没**吃饭。　　Wǒ zài xuéxiào méi chīfàn.
　　　　　　　　　　　　私は学校では食事をしなかった。

② 我**没**在学校吃饭。　　Wǒ méi zài xuéxiào chīfàn.
　　　　　　　　　　　　私は学校で食事をしなかった。

この例では「学校にいた」と「食事をした」のふたつについて述べています。
① は「学校にいた」を否定せず、「学校で食事をした」ことを否定しています。

　我　|在学校|　没　|　吃饭　|。
　　　　　　　　　　↑

② は「学校にいた」こと、「食事をした」ことの両方を否定しました。

　我　|　没　|　在学校　|　吃饭　|。
　　　　　　　↑　　　　　↑

つまり、前者では、「学校に行ったが、そこで食事をしなかった」と理解できます。後者では、学校に行っていない可能性もあると考えてください。

"是"の役割は強調！

「"是"はbe動詞に似ている」と、多くの学習者が思っています。しかし勉強していくと、そうでない"是"にたくさん出会います。これらの"是"の役割は、副詞に似ています。

たとえば、形容詞文での"是"は「たしかに」の意味になります。

日本是干净。
Rìběn shì gānjìng.
日本はたしかにきれいです。

这家店的饺子是好吃。
Zhè jiā diàn de jiǎozi shì hǎochī.
この店の餃子はやはりおいしい。

また、動詞文の場合は複文に使われます。片方の選択肢を肯定し、もう一方の選択肢を否定する役割があります。

我不是去上海，是去北京。
Wǒ bú shì qù Shànghǎi, shì qù Běijīng.
私は上海ではなく、北京に行きます。

我不是不想去，而是没有时间。
Wǒ bú shì bù xiǎng qù, érshì méiyǒu shíjiān.
私は行きたくないのではなく、時間がないのです。

もちろん、もう一方を言わないこともあります。

我不是不想吃。
Wǒ bú shì bù xiǎng chī.
私は食べたくないわけではありません。

我是去上海。
Wǒ shì qù Shànghǎi.
私は上海に行くのです。

ひとつの文にいくつかの要素がある場合、"是"や"不是"を入れる場所によって強調される内容が異なります。まずは通常の文を見てください。

我明天坐飞机去中国。 Wǒ míngtiān zuò fēijī qù Zhōngguó.
私は明日、飛行機で中国に行きます。

この文を"是"で強調すると、次のようになります。

我是明天坐飞机去中国。　「明日」を強調する
　　　　　　　　　　　　　（昨日でもなく、今日でもない）

我明天是坐飞机去中国。　「飛行機で」を強調する
　　　　　　　　　　　　　（船でもなく、鉄道でもない）

是我明天坐飞机去中国。　「私が」を強調する
　　　　　　　　　　　　　（他の人ではない）

また、"不是"や"是"で否定すると、次のようになります。

我不是明天坐飞机去中国。　「明日」を否定する

我明天不坐飞机去中国。　「飛行機で」を否定する

我明天坐飞机不去中国。　「中国へ行くこと」を否定する

不是我坐飞机去中国。　「私が」を否定する

＊公式では、これらの"是"、"不是"は表記されていません。

"是〜的"文とは？

みなさんは"是〜的"文という言葉を聞いたことがあるかもしれません。理解しにくいですよね。

たとえば「彼は、昨日、帰ってきた」という事実にふたつの意味があります。

① 彼は、昨日帰ってきた。（→ 帰ってきたのは、昨日だった。）
② 彼は、昨日帰ってきた。（→ 昨日、外泊しなかった。）

このふたつの意味は、中国語では次のように言い分けます。

① 他是昨天回来的。　　　Tā shì zuótiān huílai de.

② 他昨天回来了。　　　　Tā zuótiān huílai le.

"是〜的"文のポイントは"了→的"

たとえば、完了したことについて話すとき、普通は"了"を使います。次のふたつの言い方があります。

① 我上星期六坐飞机去北京了。
　　Wǒ shàng xīngqīliù zuò fēijī qù Běijīng le.

② 我上星期六坐飞机去了北京。
　　Wǒ shàng xīngqīliù zuò fēijī qù le Běijīng.

前ページで説明したように、文の中に"是"を入れると、"是"の後の部分が強調されます。同時に、"了"を"的"に変えると、"是〜的"文になります。

① 我上星期六是坐飞机去北京的。
　　Wǒ shàng xīngqīliù shì zuò fēijī qù Běijīng de.

② 我上星期六是坐飞机去的北京。
　　Wǒ shàng xīngqīliù shì zuò fēijī qù de Běijīng.

　　私は先週の土曜日に飛行機で北京に行きました。
　　（私が先週の土曜日に北京に行ったときに使った交通手段は飛行機です。）

是我上个星期六坐飞机去北京的。
Shì wǒ shàng ge xīngqīliù zuò fēijī qù Běijīng de.

　　私が先週の土曜日に飛行機で北京に行きました。
　　（先週の土曜日に飛行機で北京に行ったのは私です。）

"是〜的"文は動詞より前の部分だけを強調する

"是"は副詞に似ています。語順のルールにそって考えると、動詞の後ろにいくことがありません。そのため、"是〜的"は動詞より前の部分だけを強調します。

たとえば、「彼は昨日、5時間も宿題をしました」という文で、「5時間」を強調したくても、"他昨天做了是五个小时作业"とは言いません。「5時間」は動詞の後ろに置くべき「どれぐらいの時間」にあたる言葉だからです。

他昨天做了五个小时作业。
Tā zuótiān zuòle wǔ ge xiǎoshí zuòyè.
彼は昨日、宿題を5時間しました。

副詞および"是～的"の使い方 をマスターしましょう

1. 下の日本語の意味になるように、正しい語順に直しましょう。

```
           どこでも
           ┌─副詞─┐
  誰/いつ/どこ/どのように | する | どのくらいの時間/どこ/誰/どんな/どれくらい
  何                    | です | 何回          何
```

1 不高兴・老板・很・今天

上司は今日、とても不機嫌です。

2 很・难・中文・不

中国語はあまり難しくない。

3 是・她・出国・不・今天

彼女が海外に行くのは今日ではありません。

4 不・上海・展销会・看・我・去

私は上海では展示会を見に行きません。

5 上班・明天・我・不・公司・来

私は明日、会社に仕事をしに来ません。

意味から考えよう 第1章

\ 解答と解説 /

1 Lǎobǎn jīntiān hěn bù gāoxìng.
老板 / 今天 / 很 / 不 / 高兴。
　　誰　　　いつ　　　副詞　　　　どんな

"很"＋"不高兴"の順番です。"高兴"（嬉しい）の否定形「嬉しくない→不機嫌」に更に"很"をつけることによって「とても＋不機嫌」という意味になります。

---

2 Zhōngwén bù hěn nán.
中文 / 不 / 很 / 难。
　何　　　副詞　　どんな

"不+很难"の順番がポイントです。"不"（ない）＋"很难"（とても難しい）とは「"很难"（とても難しい）ではない」つまり「あまり難しくない」という意味です。「あまり〜ない」の表現として"不太"もよく使います。

---

3 Tā bú shì jīntiān chūguó.
她 / 不是 / 今天 / 出国 。
　誰　　　　　　いつ　　　する

"不是"を否定したい部分の前に置きましょう。"今天"の前に置くと、時間だけを否定することができます。

---

4 Wǒ bú qù Shànghǎi kàn zhǎnxiāohuì.
我 / 不 / 去上海 / 看 / 展销会。
　誰　副詞　どのように　する　　何

"不"が一番目の動詞の前につくと、ふたつの動詞に影響します。「私は展示会を見るけれど、上海ではなく、他の所で見る」と「私は上海に行くけど、展示会は見ない」というふたつの意味があります。どちらの意味かは文脈から判断しましょう。

---

5 Wǒ míngtiān bù lái gōngsī shàngbān.
我 / 明天 / 不 / 来公司 / 上班 。
　誰　　いつ　　副詞　どのように　する

動作"来公司"と"上班"が連動する文です。否定の"不"を連動部分の前につけましょう。

練習問題

| 誰/何 | いつ | どこ | どのように | **する/です** | どのくらいの時間/何回 | どこ | 誰/何 | どんな | どれくらい |

どこでも（副詞）

6 一点儿・啤酒・我・了・昨天・喝・只

私は昨日、ビールを少ししか飲んでいません。

7 都・我・车・小・王・没有・和

私と王さんはどちらも車を持っていません。

8 她・公司・没来・也・今天

彼女は今日も会社に来ていません。

9 这・买・是・书・的・我・本

この本を買ったのは私です。

10 是・来・今天・坐・的・我・地铁

私は今日地下鉄で来たのです。

解答と解説

6　Wǒ　zuótiān　zhǐ　hē　le　yìdiǎnr píjiǔ.
　　我 / 昨天 / 只 / 喝 / 了 / 一点儿啤酒。
　　　誰　　いつ　　副詞　する　　　　　　何

まず、"一点儿啤酒"（すこしのビール）という「何」を表す言葉を作ります。副詞の"只"は動詞より前に置きましょう。

7　Wǒ hé xiǎo Wáng　dōu　méi　yǒu　chē.
　　我和小王 / 都 / 没 / 有 / 车。
　　　　誰　　　　副詞　　　する　　何

「みんな」「どちらも」という意味の"都"は副詞で、動詞の前に置きます。

8　Tā　jīntiān　yě méi　lái　gōngsī.
　　她 / 今天 / 也没 / 来 / 公司。
　　　誰　　いつ　　副詞　する　どこ

副詞"也"は動詞より前に置きます。「今日も」は"今天也"で日本語とまったく同じ語順ですね。否定の副詞"不"、"没"も動詞より前に置きましょう。

9　Shì　wǒ　mǎi　de　zhè běn shū.
　　是 / 我 / 买 / 的 / 这本书。
　　　　誰　　する　　　　　何

本来は"我买了这本书。"です。"是"を"我"の前に置き、"了"を"的"に変えると、"我"が強調されます。"这本书是我买的。"と名詞文で訳してもかまいません。

10　Wǒ　jīntiān　shì　zuò dìtiě　lái　de.
　　我 / 今天 / 是 / 坐地铁 / 来 / 的。
　　　誰　　いつ　　　　どのように　する

"坐地铁"（手段）の前に"是"を、文末に"的"を入れて、"坐地铁"を強調します。

練習問題

2. 中国語に訳しましょう。

```
           ┌─── どこでも ───┐
           │     副詞      │
  誰 / いつ / どこ / どのように / する / どのくらいの時間 / どこ / 誰 / どんな / どれくらい
  何                       です    何回              何
```

1 この会社の製品の品質はとてもよくないです。

Hint 「製品」は"产品"、「品質」は"质量"。

2 この値段はあまり安くない。

3 私は海外ではあまり和食を食べません。

4 彼は食堂へご飯を食べに行きません。

5 今日は私が発表するのではありません。

意味から考えよう　第1章

\ 解答と解説 /

1 Zhè jiā gōngsī de chǎnpǐn zhìliàng　hěn bù　hǎo.
这家公司的产品质量 / 很不 / 好。
　　　　何　　　　　　　　副詞　　どんな

「とてもよくない」を表すため、「よくない」の前に"很"をつけましょう。

---

2 Zhège jiàqián　bú tài　piányi.
这个价钱 / 不太 / 便宜。
　　何　　　副詞　　どんな

「(とても) 安い」は"很便宜"、「あまり安くない」は"不太便宜"です。

---

3 Wǒ　bú tài　zài guówài　chī　Rìběncài.
我 / 不太 / 在国外 / 吃 / 日本菜。
誰　副詞　　どこ　　する　　何

"不太"(あまり～ない)で"在国外吃日本菜"(海外で和食を食べる)を否定しましょう。「～で」には前置詞"在"を使います。

---

4 Tā　bú　qù shítáng　chī　fàn.
他 / 不 / 去食堂 / 吃 / 饭。
誰　副詞　どのように　する　何

この文は「彼がご飯を食べるのは食堂ではなく、別のところだ」と「彼は食堂に行くけど、食事ではなく別のことをする」とふたつの意味があります。"不"をふたつの行動の前に置きましょう。

---

5 Jīntiān　bú shì　wǒ　fābiǎo.
今天 / 不是 / 我 / 发表。
いつ　　　　誰　　する

名詞の前に"不是"をつけることによって、名詞だけを否定します。この文は"我"を否定し、「発表をするのは私ではない」という意味になります。

練習問題

| 誰/何 | いつ | どこ | どのように | する です | どのくらいの時間/何回 | どこ | 誰/何 | どんな | どれくらい |

副詞 — どこでも

6. 私が入社したのは5年前です。

7. 私はまだスマートフォンを買っていません。

8. 私たちが知り合ったのは10年前です。

9. 彼はいつもコーヒーショップで小説を書きます。

10. 私が中国語を勉強したのは日本でです。

意味から考えよう　第1章

\ 解答と解説 /

6　Wǒ / shì / wǔ nián qián / jìn / gōngsī / de.
我 / 是 / 五年前 / 进 / 公司 / 的。
　誰　　　　　　いつ　　　する　　何

まず"我五年前进了公司"と考え、次に"是……的"で時間を強調します。「5年前」を強調するため、"是"を"五年前"の前に置きましょう。"进公司"には「会社（の建物）に入る」「入社する」というふたつの意味があります。これは日本語と同じですね。

7　Wǒ / hái méi / mǎi / zhìnéng shǒujī.
我 / 还没 / 买 / 智能手机。
　誰　　副詞　　する　　何

「まだ～していません」には"还没……"を使います。「スマートフォン」は"智能手机"と言います。

8　Wǒmen / shì / shí niánqián / rènshi / de.
我们 / 是 / 十年前 / 认识 / 的。
　誰　　　　　　いつ　　　する

「知り合いになる」には"认识"を使います。時間を表す"十年前"の前に"是"を入れて「いつ」を強調しましょう。

9　Tā / zǒngshì / zài kāfēidiàn / xiě / xiǎoshuō.
他 / 总是 / 在咖啡店 / 写 / 小说。
　誰　副詞　　どこ　　　する　　何

「いつも」は"总是"、「コーヒーショップで」は"在咖啡店"です。

10　Wǒ / shì / zài Rìběn / xué / de / Zhōngwén.
我 / 是 / 在日本 / 学 / 的 / 中文。
　誰　　　　どこ　　　する　　　　何

まず、「私は日本で中国語を勉強した」と考えましょう。"我在日本学了中文。"となります。「どこ」を強調したいので、"是"を"在日本"の前に置き、"了"を"的"に変えましょう。

67

第2章
動詞の後に気をつけよう

副詞
誰・何　いつ　どこ　どのように
する・です
どのくらいの時間　何回　どこ
誰・何　どんな　どれくらい

方向　結果　可能
着、过、了

女王の後ろはちょっと複雑かも！

◆ この章では、おもにどんなことをしますか？

① 存在と関係ある文、二重目的語文の特徴を理解します。
② 動詞につける"了"、"过"、"着"の使い方をマスターします。
③ 「どのくらいの時間」「何回」の場所をおぼえます。
④ 程度、方向、結果の表し方をマスターします。

◆ なぜ、動詞の後に気をつけないといけないのですか？

　日本語の場合、動詞は文末にあり、動詞の後ろには何もきません。
　一方、中国語の場合には、動詞は文の真ん中に据え、動詞の後ろに「どのぐらいの時間」「何回」などの要素を続けます。
　そのため日本人の方は、動詞の後に何をどう置くのか、注意が必要です。

◆ どこに力を入れるといいですか？

　記憶するには、濃淡をつけることが大事です。一度に何もかもおぼえようとすると、かえって逆効果です。
　私たちの提案は、こうです。

① 動詞より前の部分は「日本語とほぼ同じだ！」と気楽に考えましょう。
② 動詞より後の部分に力を入れましょう。

　こうすることによって、あなたの弱点はきっと克服できます！

1 "在"と"有"を使う文

◆ "在"と"有"を使う文とは？

第1章では、動詞が違うと動詞文の形も違う、と話してきました。
動詞の"在"と"有"を使う文は、「誰・何がいる（ある）の？」という意味を表します。否定文には"不在"、"没有"を使います。

◆ "在"と"有"を使う文の語順の特徴

まず、"在"と"有"を使う文の例文をみてみましょう。

小王不在公司。　　　　　　　Xiǎo Wáng bú zài gōngsī.
　　　　　　　　　　　　　　王さんは会社にいません。

我的茶在桌子上。　　　　　　Wǒ de chá zài zhuōzi shang.
　　　　　　　　　　　　　　私のお茶は机にあります。

（"小王"、"我的茶"は特定されている存在です。）

办公室里没有人。　　　　　　Bàngōngshì li méiyǒu rén.
　　　　　　　　　　　　　　事務室には誰もいません。

哪里有电话？　　　　　　　　Nǎli yǒu diànhuà ?
　　　　　　　　　　　　　　電話はどこですか。

（"人"、"电话"は非特定な存在です。）

我们公司有很多外国人。　　　Wǒmen gōngsī yǒu hěn duō wàiguórén.
　　　　　　　　　　　　　　私たちの会社には外国人がたくさんいます。

我没有哥哥。　　　　　　　　Wǒ méiyǒu gēge.
　　　　　　　　　　　　　　私には兄がいません。

（"有"の前には、組織や人がきます。）

イラストでは、"在"と"有"を用いる、ふたつのパターンを示しています。チェシャ猫は「場所」「空間」を表します。

動詞の後に気をつけよう | 第 **2** 章

アリスが特定な存在であれば「アリス＋女王（"在"）」、
アリスが非特定な存在であれば「女王（"有"）＋アリス」になります。

| 誰・何 | | 在 | 場所 |

【特定な存在】
（小さい）人・モノ　　　　　　　在　　　（大きい）場所、空間

| 誰・何 | 場所 | 有 | 誰・何 |

（大きい）場所、空間　　　　　　有　　　【非特定な存在】
　　　　　　　　　　　　　　　　　　　　（小さい）人・モノ

```
              どこでも
        ┌── 副詞 ──┐
誰 / いつ / どこ / どのように   する   どのくらいの時間 / どこ / 誰 / どんな / どれくらい
何                              です   何回              何
```

小王	不	在	公司。
我的茶		在	桌子上。
	办公室里	没 有	人。
我们公司		有	很多外国人。

> **イメージ**
>
> "有"と"在"は「存在を表す」特別な動詞（女王）です。"有"と"在"を使うとき、女王とアリスの語順に注目しましょう。アリスが特定な存在なら「アリス＋女王（"在"）」、アリスが非特定な存在なら「女王（"有"）＋アリス」の語順です。

次のように覚えましょう。

【特定な存在】
（小さい）人・モノ　　在　　（大きい）場所、空間

　　　　　　　　　　　　　　【非特定な存在】
（大きい）場所、空間　　有　　（小さい）人・モノ
　　　組織、人

◆ モノを空間に変える方位詞

「お茶は机にあります」を中国語に訳すと、"我的茶在桌子。"ではなく、"我的茶在桌子上。"となります。"桌子"はモノ、"桌子上"は空間だからです。では、どうやって"桌子"や"书架"などのモノを空間に変えるのでしょうか。それは、モノの後に"上"や"里"などをつければいいのです。

モノにつけて空間を表す"上"や"里"などを、方位詞と言います。

上（上面、上边）　　下（下面、下边）
里（里面、里边儿）　外（外面、外边儿）

◆ 特定と非特定の見分け方

では、「特定」と「非特定」はどう見分けるのでしょうか。

たとえば、"这杯咖啡"（この［一杯の］コーヒー）と言うと、聞く人はすぐ近くに置いてあるコーヒーをイメージします。"这杯咖啡"は具体的で、特定の存在です。

それに対して、"一杯咖啡"と言うと、聞く人は、一般的なコーヒーをイメージしますが、そのコーヒーはひとつの概念にすぎません。"一杯咖啡"は任意の、非特定な存在です。

つまり、次のように見分けることができます。

> 【特定】
> "这个～"、"那些～"、"我的～"、人名、固有名詞
>
> 【非特定】
> "一个～"、"一本～"、"一些～"

　しかし、中国語でも日本語でも"这个"（この）、"一个"（ひとつ）とつけないことが多いのです。たとえば、「兄がいます」という日本語。この「兄」は特定でしょうか？ 非特定でしょうか？ それは、文脈を考えないとわかりません。

　可能性はふたつあります。

① 自分には兄（という存在）がいます。

　この「兄」は兄という概念を表しています。非特定な存在です。中国語では、"我有哥哥。"と言います。

② （自分の）兄が（ここに）いますよ。

　この「兄」は間違いなく特定な存在です。中国語では、"哥哥在。"と言います。

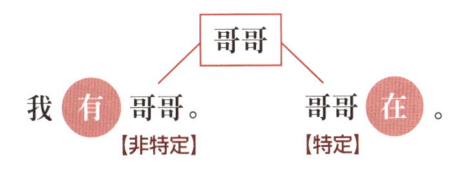

　　　　　　　　　　哥哥
　　　　我 有 哥哥。　　哥哥 在 。
　　　　　【非特定】　　　【特定】

　日本語では、人、モノは特定でも非特定でも、語順は変わりませんが、中国語では、"有"と"在"に対する語順は逆になるので気をつけましょう。

2　二重目的語文

◆ 二重目的語文とは？

次の動詞は、人に与えたり、人から受けたりする、いわゆる「授受関係」を表します。

gěi	gàosu	sòng	jiè	jiāo
给	告诉	送	借	教
あげる	告げる	あげる	借りる	教える

二重目的語文とは、文字どおりにふたつの目的語が入っている文です。たいていの場合は上のような動詞を使い、授受関係を表します。

◆ 二重目的語文の語順の特徴

イラストで表したように、二重目的語文は、動詞の後ろにふたつの目的語があります。「人」は「モノ」より先に言います。

我教他汉语。　　　　　　Wǒ jiāo tā Hànyǔ.
　　　　　　　　　　　　私は彼に中国語を教えます。

我给小王一本书。　　　　Wǒ gěi Xiǎo Wáng yì běn shū.
　　　　　　　　　　　　私は王さんに本を1冊あげます。

他还我一本书。　　　　　Tā huán wǒ yì běn shū.
　　　　　　　　　　　　彼は私に本を1冊返してくれました。

我没告诉他这件事。　　　Wǒ méi gàosu tā zhè jiàn shì.
　　　　　　　　　　　　私は彼にそのことを言っていません。

二重目的語文は、動詞の後に、人、モノの順番です。

| 誰・何 | する・です | 誰 | 何 |

```
            どこでも
          ┌─ 副詞 ─┐
 誰/  いつ / どこ / どのように │する│ どのくらいの時間 / どこ / 誰 / どんな / どれくらい
 何                            │です│       何回              何
```

我		教	他 汉语。
我		给	小王 一本书。
他		还	我 一本书。
我	没	告诉	他 这件事。

> **イメージ**
> 女王が「与える―受ける」に関する動詞である場合、女王の後にふたりのアリスが来ます。前のアリスは「誰」、後ろのアリスは「何」です。

◆ 二重目的語をとる動詞ととらない動詞

二重目的語をとる動詞ととらない動詞の使い方はどう違うのでしょうか。

（○）**我告诉他这件事了。**　　　私は彼にこのことを伝えました。

（×）**我说了他这件事。**

（○）**我对他说了这件事。**　　　私は彼にこのことを話しました。

"告诉"は「告げる」「伝える」です。話し手と聞き手がいないと「告げる」ことは成立しないので、二重目的語文で表すことができます。しかし"说"は「話す」です。ひとりでもしゃべることはできるので、"说"の後にふたつの目的語はきません。

正確に言うと、"我说他。"と言うことはできますが、意味は「私は彼に話をする」ではなく、「私は彼を責める」です。「責める」は広い意味でとらえると「与える―受ける」と考えられますよね。

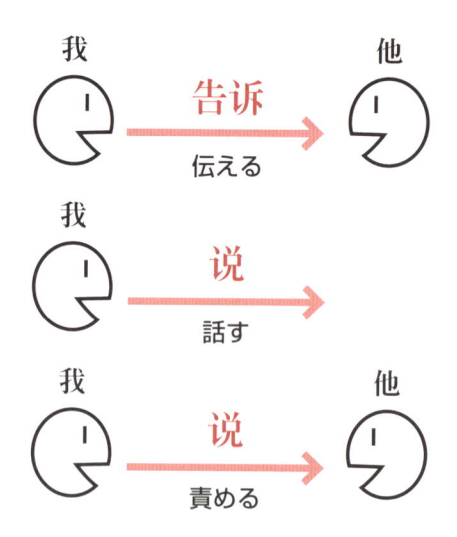

チェシャ猫はときどき消える

前置詞の省略は、中国語のひとつの特徴といえます。典型的な例を見てみましょう。

① "有"を使う文の場合

在教室里有三个人。　　　Zài jiàoshì li yǒu sān ge rén.
　　　　　　　　　　　　教室に3人います。
↓

教室里有三个人。　　　　Jiàoshì li yǒu sān ge rén.

"在"を使うかどうかは、文の意味に影響しません。

② 二重目的語文と前置詞の省略

她送给我一条围巾。　　　Tā sònggěi wǒ yì tiáo wéijīn.
　　　　　　　　　　　　彼女は私にマフラーをくれました。
↓

她送我一条围巾。　　　　Tā sòng wǒ yì tiáo wéijīn.

"给"があれば、これは110ページで説明した文です。"给"がなければ、二重目的語文です。つまり、二重目的語文は、前置詞が省略された文として見ることができます。

アリスの物語では、チェシャ猫はときどき消えるキャラクターです。このイメージを使って、「前置詞の省略」をおぼえましょう。

練習問題

"在" と "有" と二重目的語の語順 をマスターしましょう。

1. 下の日本語の意味になるように、正しい語順に直してください。

```
               どこでも
               副詞
誰 / いつ / どこ / どのように / する / どのくらいの時間 / どこ / 誰 / どんな / どれくらい
何                           です   何回              何
```

1 电脑・我的・在・手机・边上

私の携帯はパソコンのとなりにあります。

2 两本・上・时装杂志・有・桌子

机の上にファッション誌が2冊あります。

3 老师・我・中文小说・给・一本

先生は私に中国語の小説を1冊くれました。

4 科长・还・报告・那里・那份・在

あの報告書はまだ課長のところにあります。

5 办公楼・没・以后・里・十一点・人・晚上・有

夜11時以降、オフィスビルには人がいません。

動詞の後に気をつけよう | 第 **2** 章

\ 解答と解説 /

1 Wǒ de shǒujī　　zài　diànnǎo biānshang.
　　我的手机 / 在 / 电脑边上。
　　　何　　　する　　どこ

まず、"我的手机"（何）と"电脑边上"（どこ）を作ります。"电脑"は＜モノ＞ですが、"电脑"に"边上"（のとなり）をつけると、＜空間＞となります。英語の影響で"边上电脑"と言う人が多いので、気をつけましょう。"在"があるので、「誰・何＋"在"＋どこ」と並べましょう。

---

2 Zhuōzi shàng　　yǒu　liǎngběn shízhuāng zázhì.
　　桌子上 / 有 / 两本时装杂志。
　　　どこ　　する　　　　　何

まず、"两本时装杂志"（何）と"桌子上"（どこ）を作ります。"桌子"は＜モノ＞で、"上"をつけると、＜空間＞になります。"两本时装杂志"には、"两本"と数量があるので、＜非特定なモノ＞です（72 ページ）。また、"有"があるので、「どこ＋"有"＋誰・何」と考えましょう。

---

3 Lǎoshī　gěi　　wǒ　　yì běn Zhōngwén xiǎoshuō.
　　老师 / 给 / 我 / 一本中文小说。
　　　誰　　する　　誰　　　　何

まず"一本中文小说"というかたまりを作ります。この文は二重目的語文です。動詞のあとは、「誰」「何」の順番で並べましょう。

---

4 Nà fèn bàogào　　hái　　zài　　　kēzhǎng nàli.
　　那份报告 / 还 / 在 / 科长那里。
　　　何　　　副詞　する　　　どこ

まず、"那份报告"と"科长那里"を作ります。"科长那里"は「課長のところ」で、課長が遠い場合の表現、課長がいるところで話すなら"科长这里"と言います。"那里科长"とは言わないように注意しましょう。"还"（まだ）は副詞で、動詞の前に置きます。

---

5 Wǎnshang shíyī diǎn yǐhòu　　bàngōnglóu li　　méiyǒu　　rén.
　　晚上十一点以后 / 办公楼里 / 没有 / 人。
　　　　いつ　　　　　どこ　　　する　　誰

"晚上十一点以后"は「いつ」を示します。"以后晚上十一点"としないように気をつけましょう。また、"办公室楼"の後ろに"里"をつけ、"办公室楼里"とします。「いつ」と「どこ」は入れ替えてもかまいません。

79

練習問題

2. 中国語に訳しましょう。

	副詞（どこでも）			する です	どのくらいの時間 何回	どこ	誰 何	どんな	どれくらい
誰 何	いつ	どこ	どのように						

1 財布は部屋にあります。今、お金を持っていません。

Hint 「財布」は"钱包"。

2 彼は、私に帰国する時間を教えてくれなかった。

3 昨日は一日中会社ではなく、家にいました。

4 先月買ったCDは、友だちのところにあります。

5 今、3階に何人いますか。

解答と解説

1
Qiánbāo　zài　fángjiān li,　wǒ　xiànzài　méi yǒu　qián.
钱包 / 在 / 房间里，我 / 现在 / 没有 / 钱。
　何　　する　　どこ　　　誰　　いつ　　する　　　何

文脈から「財布」は「私の財布」とわかります。つまり、特定なモノなので、「誰・何＋"在"＋どこ」の語順で訳しましょう。"房间"の後には"里"をつけます。「(私は)お金を持っていません」の「お金」は非特定な存在です。「どこ＋"有"＋誰・何」で並べましょう。

2
Tā　méiyǒu　gàosu　wǒ　huíguó de shíjiān.
他 / 没有 / 告诉 / 我 / 回国的时间。
誰　　副詞　　する　　誰　　　　何

「教える」には、"告诉"、"教"とふたつ訳語があります。「伝える」という意味は"告诉"です。"告诉"は、ふたつの目的語をもつことができます。「誰」"我"、「何」"回国的时间"という順で並べましょう。

3
Wǒ　zuótiān yì tiān　bú　zài　gōngsī,　zài　jiā li.
我 / 昨天一天 / 不 / 在 / 公司, / 在 / 家里。
誰　　いつ　　　副詞　する　どこ　　　する　　どこ

「一日中」(いつ)は"一天"あるいは"一整天" yì zhěng tiānです。「いつ」と"我"の場所は入れ替えることができます。"公司"と"家"のあとの"里"はあってもなくてもOKですが、リズムを整えるために、"公司"に合わせて"家里"を使いましょう。

4
Shànggeyuè mǎi de CD　zài　péngyou nàli.
上个月买的CD / 在 / 朋友那里。
　　何　　　　　する　　どこ

まず、"上个月买的CD"と「誰・何」を作ります。"的"の前に"了"をつけないようにしましょう。「友だちのところ」は"朋友的地方"と言っても意味は通りますが、"朋友那里"、"朋友这里"と言うのが自然です。("这里"と"那里"の違いは79ページを参考にしてください)。語順は「誰・何＋"在"＋どこ」です。

5
Xiànzài　sān lóu　yǒu　jǐ ge rén?
现在 / 三楼 / 有 / 几个人？
いつ　　どこ　　する　　　誰

「大きい空間＋"有"＋小さい誰・何」で考えましょう。人数が10人以上と想定されるならば、"多少人"を使いましょう。"几"のあとは、量詞の"个"が必須ですが、"多少"のあとの量詞は省略できます。

3 動詞の後の"着"、"过"、"了"

◆ "着"、"过"、"了"の語順の特徴

これから、動詞につける"着"、"过"、"了"（助詞）、および副詞の"在"を一緒に見ていきましょう。"着"、"过"、"了"と違って、"在"は動詞の前に出てくるので、「副詞」と分類されています。

語順をおぼえるには、次の図が役に立つかもしれません。

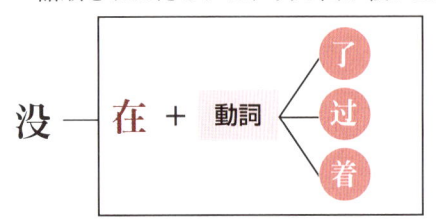

没 ― 在 + 動詞 → 了／过／着

この図は後で詳しく説明しましょう。

◆ 離合詞という考え

先に、「離合詞」という考え方について見ていきましょう。

> 她结过两次婚。　Tā jiéguo liǎng cì hūn.
> 彼女は2回結婚しました。

みなさんは、"结婚"をひとつの単語として考えているでしょうから、"两次"（2回）が割り込んでくると、違和感をおぼえる方が多いようです。

中国人の感覚では、"结"は「結ぶ」、"婚"は「婚姻」です。くっついていてもいいし、離れていてもおかしくありません。こういう言葉は「離合詞」と言います。

辞書では、ピンイン表記のところにスラッシュ2本で示しています。

【结婚】jié//hūn　　　『現代漢語詞典』第6版（商務印書館）

漢字がわかる日本の方は、離合詞を丸暗記するのではなく、一字一字の意味を確認した上でおぼえたほうがいいでしょう。

動詞の後に気をつけよう | 第 **2** 章

助詞の"着"、"过"、"了"は、動詞の後ろに置きます。

| 誰・何 | する・です | 着・过・了 | 誰・何 |

	どこでも	
	副詞	
誰/何 / いつ / どこ / どのように	する です	どのくらいの時間 何回 / どこ / 誰 何 / どんな / どれくらい

他	刚才	在	打		电话。
他			穿着		衣服。
他			学过	一年	汉语。
他			睡了	一个小时	觉。
他		没	吃		面包。
他	在东京		住了	五年了。	

イメージ

"着"、"过"、"了"は女王のお城にいる近臣です。彼らを否定するには、"没"を使います。

在

"在"は副詞で、「〜している」という意味を表します。第1章にあるように、副詞はドードー鳥で、女王のお城の前にいます。

| 他在打电话。 | Tā zài dǎ diànhuà.
彼は電話をかけています。 |

| 他刚才在打电话。 | Tā gāngcái zài dǎ diànhuà.
さっき、彼は電話をかけていました。 |

中国語は過去形を使わないので、「〜していた」も"在"で表せます。"在"には次のような3つの使い方があります。

① "在"= いる、ある
　我在公司。　　　　　　　Wǒ zài gōngsī.
　　　　　　　　　　　　　私は会社にいます。

② "在"= 〜で、〜に
　我明天在家吃饭。　　　　Wǒ míngtiān zàijiā chīfàn.
　　　　　　　　　　　　　私は明日、家で食事をします。

③ "在"= 〜している、〜していた
　我在学汉语。　　　　　　Wǒ zài xué Hànyǔ.
　　　　　　　　　　　　　私は中国語を習っています。

このように考えると「どこで何をしている」を表すには、"在"を2回使うはずです。じっさいには、下の例のようにひとつしか使いません。

| 我在日本学汉语。 | Wǒ zài Rìběn xué Hànyǔ.
私は日本で中国語を習っています。 |

否定する場合は、"在"の前に"没"をつけます。

| 他没在看电视。 | Tā méi zài kàn diànshì.
彼は（今）テレビを見ていません。 |

着

"着" は「〜する」の後につく助詞です。①動作、②状態の継続を表すふたつの役割があり、「〜している」「〜してある」などと訳します。

① 動作の継続を表すとき、"着" と "在" の役割は重なります。このときは、"在" と併用することもできます。

他在穿着衣服呢。　　Tā zài chuānzhe yīfu ne.
　　　　　　　　　　　　彼は服を着ているところです。

② "在" は状態の継続を表すことができません。状態の継続を表すのは、"着" の特権（！）です。

他穿着衣服。　　Tā chuānzhe yīfu.
　　　　　　　　　　彼は服を着ています。

「洋服を着ています」とは、着るという動作をしたあと、その状態を保ったまま（着たまま）であると理解してもいいでしょう。

次の言葉はよく「〜しながら」という意味で使います。

站着吃饭　　zhànzhe chīfàn　　**坐着写字**　　zuòzhe xiě zì
立ち食いをする　　　　　　　　　　座って字を書く

躺着看书　　tǎngzhe kàn shū　　**走着听音乐**　　zǒuzhe tīng yīnyuè
寝転がって読書をする　　　　　　　歩きながら音楽を聞く

とにかく、"着" は動詞にくっつくのだとおぼえておきましょう。

＊公式では「"着"・"过"・"了"」は表示されていません。

过

"过"はよく「〜したことがある」と訳され、経験を表します。

他学过一年汉语。　　Tā xuéguo yì nián Hànyǔ.
彼は中国語を1年間習ったことがあります。

否定する場合、"没"＋動詞＋"过"の語順となります。

我从来没骗过人。　　Wǒ cónglái méi piànguo rén.
私は一度も人をだましたことがない。

"过"は、過去の一時期のことを表します。逆に言うと、「今はそういう状態でない」ことを暗に述べています。

他有过女朋友。　　Tā yǒuguo nǚpéngyou.
彼には恋人がいました。

"了"とはこの点で異なります。"了"は変化を表し、ある時点に変化が起きて、その状態が今まで続いていることを表します。

他有女朋友了。　　Tā yǒu nǚpéngyou le.
彼には恋人ができました。

了

中国語は過去と未来の違いを重視しない

　"了"は難しい。私がいつまでも日本語の「は」と「が」を使いこなせないのと同じぐらい、みなさんにとって"了"は難しいのではないでしょうか。

　思うに、「過去と未来が違う」という考えのせいで"了"が難しく感じるのかもしれません。まずこの先入観をなくしましょう。

去年我不会开车。　　Qùnián wǒ bú huì kāichē.
　　　　　　　　　　　去年、私は運転できませんでした。

现在我不会开车。　　Xiànzài wǒ bú huì kāichē.
　　　　　　　　　　　現在、私は運転できません。

他昨天十点在看书。　Tā zuótiān shí diǎn zài kàn shū.
　　　　　　　　　　　彼は昨日の10時に本を読んでいました。

他现在在看书。　　　Tā xiànzài zài kàn shū.
　　　　　　　　　　　彼は今本を読んでいます。

　以上の例では、過去、現在にかかわらず、同じ表現を使っています。聞き手が「いつのこと」かを知りたければ、"昨天"、"现在"といった単語を入れてあげればいいのです。もしも文脈からわかるのなら、何も入れる必要はありません。

　つまり、中国語は過去や未来の違いを重視しないと言えます。

中国語は変化を重視する

　変化とは、ある状態からそれとは異なる状態へ変わることです。
　たとえば、「運転できなかった」から「運転できる」状態へ（"会开车了"）、「本を読んでいなかった」から「読んでいる」状態へ（"在看书了"）と変わります。
　そしてこの変化は、"了"の一字で表せます。すごいパワーですよね。(33ページ)

　この変化は、過去に起きたかもしれないし、未来に起こることかもしれません。「過去と未来が違う」と思わなければ、なんの不思議もないでしょう。
　つまり、次の図でイメージできますね。

過去　　　　　　　　　　現在　　　　　　　　　　未来

昨天他想吃了，就吃了一大碗。
　Zuótiān tā xiǎng chī le, jiù chīle yí dà wǎn.
　昨日、彼は食べたくなって、大きい茶碗で1杯食べました。

你想吃了，就吃吧。
Nǐ xiǎng chī le, jiù chī ba.
食べたくなったら、どうぞ。

去年他会开车了，就带我去了海边。
Qùnián tā huì kāichē le, jiù dài wǒ qùle hǎibiān.
去年、彼は運転できるようになり、私を海に連れて行きました。

等你会开车了，我们一起去海边玩吧。
Děng nǐ huì kāichē le, wǒmen yìqǐ qù hǎibiān wán ba.
運転できるようになったら、一緒に海へ遊びに行きましょう。

「完了」とはさまざまな「変化」の一種

　一口に「変化」と言っても、さまざまです。中でも、「行動」は特別なケースです。行動とは、たとえば、"吃"（食べる）、"睡觉"（寝る）、"看"（見る・読む）などです。「見つかる」「治る」「わかる」など状態を表す動詞と違って、これらの動詞には3つの状態があります。
　たとえば、"睡觉"を例にとっていえば、次の3つの状態があります。

```
                  開始              完了
    寝る前    |   睡眠中    |   寝て起きた後
 ─────────────┼─────────────┼──────────────────→
```

　「寝る前」「睡眠中」「寝て起きた後」という3つの状態に対して、「変化」がふたつあります。ひとつは「開始」、もうひとつは「完了」です（「完了」とはさまざまな変化の一種ですね！）。

　「開始」の場合、変化を表すには"了"をつけるだけです。
　たとえば、これから行動する場合にも"了"を使います。

我睡觉了。　　　Wǒ shuìjiào le.
　　　　　　　　　寝るよ。

我吃了。　　　　Wǒ chī le.
　　　　　　　　　いただきます。

行動中にも"了"を使います。

他睡觉了。　　　Tā shuìjiào le.
　　　　　　　　　寝た。(寝ているよ。)

他吃了。　　　　Tā chī le.
　　　　　　　　　彼は食べ始めた。

　「過去と未来が違う」という先入観を捨てて、"了"のパワーを認めれば、すべてシンプルになるのでしょう。

◆「完了」には2種類の言い方がある

では、「完了」に移りましょう。
もちろん、「完了」も"了"で表し、"了"のパワーは変わりません。

① 刚才他睡觉了。　　　　Gāngcái tā shuìjiào le.
② 他睡了一个小时觉。　　Tā shuìle yí ge xiǎoshí jiào.
③ 他睡了三个小时觉了。　Tā shuìle sān ge xiǎoshí jiào le.

④ 我去上海了。　　　　　Wǒ qù Shànghǎi le.
⑤ 我去了上海。　　　　　Wǒ qù le Shànghǎi.

①、④は「寝た」「行ってきた」に注目します。②、⑤は「どこに」「どのぐらいの時間」に注目します。
②、⑤の"了"の場所は、これまで説明してきた"了"の場所とは違いますね。では、どんなときに、「動詞＋"了"＋α」の形を取るのでしょうか。用例を見ると、たいていの場合、"了"のあとには「どのくらいの時間」「何回」「数」などの具体的な内容があります。"了"は次のページで説明します。
つまり、こういうことです。

【1】動作に注目する場合、文末に"了"をつけましょう。
【2】動詞の後の具体的な内容に注目する場合、動詞の後に"了"を
　　 つけましょう。

"了"の使い方は難しいですよね。最初に話したように、日本人であるみなさんにとって"了"の使い方が難しいのは、中国人である私が、日本語の「は」と「が」を今でも使いこなせないのと同じことです。焦ることはありません。
少なくとも、以下のことが言えます。

"一个"などの数字がある場合は、その前に"了"を置きます。

他吃了一个面包。　　　　Tā chīle yí ge miànbāo.
　　　　　　　　　　　　彼はパンをひとつ食べました。

動詞の後に気をつけよう | 第 **2** 章

◆ ふたつの"了"を使う場合の意味

"了"を2回使うこともあります。

【1】**一般的な内容なら、意味に影響しません。前の"了"は よく省略されます。**

たとえば"我吃了饭了。"は"了"を省略して"我吃饭了。"とも言います。

【2】**「どのくらいの時間」「何回」「数」などの具体的な内容なら、 意味に影響します。**

文末の"了"は「いま、こういう状態だよ」「そのとき、こういう状態だったよ」といったニュアンスを表します。

那时他在东京住了五年了。　　Nà shí tā zài Dōngjīng zhùle wǔ nián le.
　　　　　　　　　　　　　　あのとき、彼は東京に5年間住んでいた。

他在东京住了五年了。　　　　Tā zài Dōngjīng zhùle wǔ nián le.
　　　　　　　　　　　　　　彼は東京に5年間住んでいます。

意味で言えば、"了～了"は次の2点を強調します。

① **量の多さ。「～も」で訳します。**

你喝了五杯了。　　　　　　　Nǐ hēle wǔ bēi le.
　　　　　　　　　　　　　　あなたは5杯も飲んだよ。

② **現在も続いている、またはあの時点、続いていた。**

我看了三个小时了。　　　　　Wǒ kànle sān ge xiǎoshí le.
　　　　　　　　　　　　　　私は3時間見ています。

②の用法は「どのぐらいの時間」にしか使いませんが、①の用法は、「どのぐらいの時間」を含めて使います。①の用法を覚えたほうが実用的でしょう。

最後に、中国語は、「変化」を重視し、「過去と未来の違い」を重視しないという特徴を、もう一度強調しておきます。この点が正しく理解できれば、きっと"了"が使いこなせますよ。

練習問題

"在"、"着"、"过"、"了"の使い方 をマスターしましょう。

1. 下の日本語の意味になるように、正しい語順に直してください。

誰/何	いつ	どこ	どのように	**する です**	どのくらいの時間/何回	どこ	誰/何	どんな	どれくらい

副詞（どこでも）

1 五・个・点・菜・我・了
私は料理を５つ注文しました。

2 了・一个小时・他・等・已经・了
彼はすでに１時間も待ちました。

3 高尔夫球・你・过・吗・打・以前
昔、ゴルフをしたことはありますか。

Hint　"高尔夫球"は「ゴルフ」。

4 电视・他・后・躺・看・晚饭・着
彼は晩ご飯の後、横になってテレビを見ます。

Hint　"躺"は「横たわる」。

5 他们・常常・聊天儿・咖啡店・在
彼らはよくカフェでおしゃべりします。

解答と解説

1 Wǒ / diǎn / le / wǔ ge cài.
我 / 点 / 了 / 五个菜。
誰　する　　　何

"点菜"は「料理を注文する」という意味です。"点"の本来の意味は「指差す」です。「5つの料理」は"五个菜"と言います。数字がある場合、"了"はかならず動詞と数字の間に入ります。

---

2 Tā / yǐjīng / děng / le / yí ge xiǎoshí / le.
他 / 已经 / 等 / 了 / 一个小时 / 了。
誰　副詞　する　　　どのぐらいの時間

"已经"は「すでに」という意味で、副詞なので、動詞の後ろへは置けません。「どのぐらいの時間」を示す"一个小时"を強調する場合は、動詞の直後と文末に"了"を使いましょう。

---

3 Nǐ / yǐqián / dǎ / guo / gāo'ěrfūqiú / ma?
你 / 以前 / 打 / 过 / 高尔夫球 / 吗?
誰　いつ　する　　　何

"过"(〜したことがある)は、動詞の後につけます。"以前"と"你"は場所を入れ替えることができ、"以前你打过高尔夫球吗?"としてもOKです。

---

4 Tā / wǎnfàn hòu / tǎngzhe / kàn / diànshì.
他 / 晚饭后 / 躺着 / 看 / 电视。
誰　いつ　どのように　する　何

"晚饭后"は「夕食の後」で「いつ」を表します。"他"と"晚饭后"は入れ替えることができます。"躺着"とも"看着"とも言いますが、"着"はひとつしか用意されていないので、前の"躺"にゆずりましょう。この文は、"躺"「横になっている」(どのように)、"看"「テレビを見る」(する)と、ふたつの動詞を用いる連動文です。

---

5 Tāmen / chángcháng / zài kāfēidiàn / liáotiānr.
他们 / 常常 / 在咖啡店 / 聊天儿。
誰　副詞　どこ　する

まずは"在咖啡店"(カフェで)と"在聊天儿"(おしゃべりしている)のように、"在"のあるフレーズをふたつ作ります。先に「いる」、そして後で「話す」ので、時間の順番にそって並べ、前の"在"を残します。(84ページ)。副詞の"常常"の位置は、"在咖啡店常常聊天儿"だと、「カフェにいると、よくおしゃべりする」という意味になりますが、"常常在咖啡店聊天儿"だと「よくカフェでおしゃべりする」の意味なので、日本語に対応するのは後者になります。

練習問題

2. 中国語に訳しましょう。

```
          どこでも
           副詞
┌─────────────────────┐
│誰 / いつ / どこ / どのように│ する │ どのくらいの時間 / どこ / 誰 / どんな / どれくらい
│何                    │ です │ 何回
```

1 昨日、彼女はスカートを買いました。

Hint 「スカート」は"裙子"。

2 私は2年間ピアノを勉強したことがあります。

Hint 「ピアノ」は"钢琴"。

3 父は今週3日間残業しました。

Hint 「残業」は離合詞の"加班"。

4 先月、彼女はこの店で食事をしたことがあります。

5 昨日、私たちは立ってコンサートを見ました。

Hint 「コンサート」は"演唱会"。

解答と解説

1 Tā zuótiān **mǎi** le yì tiáo qúnzi.
她 / 昨天 / 买 / 了 / 一条裙子。
　誰　　いつ　　する　　　　　何

この文を中国語に訳すには、ふたつの言い方があります。①「彼女」にスカートを買う予定があり、「もう買ったよ」という場合は、"她买裙子了"、②「買った物は何か」を伝えたい場合には、"她买了一条裙子"、と言いましょう。また、"昨天"を文末に置かないように注意しましょう。

---

2 Wǒ **xué** guo liǎng nián gāngqín.
我 / 学 / 过 / 两年 / 钢琴。
　誰　する　　　どのぐらいの時間　何

「～をしたことがある」は「動詞+"过"」で表し、"了"を使う必要はありません。"两年"は「どのぐらいの時間」にあたります。

---

3 Bàba zhège xīngqī **jiā** le sān tiān bān.
爸爸 / 这个星期 / 加 / 了 / 三天 / 班。
　誰　　　いつ　　する　　　どのぐらい　何

「出勤する」＝ "上班"、「退勤する」＝ "下班"、「残業する」＝ "加班"とセットでおぼえましょう。3つとも離合詞（82ページ）で、「どのぐらいの時間」にあたる"三天"が離合詞の間に入ります。"这个星期"は「いつ」にあたり、動詞の前に置きます。

---

4 Tā shànggeyuè zài zhè jiā diàn **chī** guo fàn.
她 / 上个月 / 在这家店 / 吃 / 过 / 饭。
　誰　　いつ　　　どこ　　する　　　何

"上个月她～"と言うこともできます。"吃饭"（食事をする）は離合詞です。この店は"这家店"と言います。量詞"家"を忘れないでください。

---

5 Wǒmen zuótiān zhànzhe **kàn** le yǎnchànghuì.
我们 / 昨天 / 站着 / 看 / 了 / 演唱会。
　誰　　いつ　　どのように　する　　　何

まず、"我们昨天"と"昨天我们"はどちらでもかまいません。「立って」と「コンサートを見る」は時間順で考えましょう。コンサートは具体的なことですので、"了"は動詞の後に置きます。

「補語」という考え方

ここからは、少し複雑な話になります。

「いつしたの？」「どこでしたの？」「どのぐらいしたの？」「何回したの？」などを説明する必要があるとき、これらの要素は、女王（動詞）を中心にして、決まった位置があります。

女王より前の要素は、第1章で説明しました。日本語に似ているので、楽に考えましょう。

女王より後の要素には、次の7種類があります。
「泳ぐ」を例として考えましょう。

① 「どのぐらいの時間」泳いだか。
② 「何回」泳いだか。
③ 泳ぐのが上手か下手か。
④ どの方向へ泳いだか。
⑤ どこまで泳いだか。
⑥ 泳ぎ終わったかどうか。
⑦ 泳げるかどうか。

この7つの要素には、それぞれのルールがあります。本書では5人の騎士、帽子屋、およびチェシャ猫で表します。彼らなりの行動基準があり、しかもお互いに譲り合わない存在だとイメージして読んでください。

文法上の説明をしやすくするため、この7種類（学者によって分類が異なる）の要素には「補語」という名前がつけられています。

名称は次の通りです。

1. 時間補語

2. 回数補語

3. 程度（様態）補語

4. 方向補語

5. 前置詞補語

6. 結果補語

7. 可能補語

　中国語の補語は英語のそれとは違います。英語の補語は、主語や目的語と関連していますが、**中国語の補語は動詞にかかっている**のです。
　同じ「補語」と言っても、お互いに共通性はなく、語順や使い方はひとつひとつおぼえなければなりません。そういう意味では、「補語」という概念にこだわりすぎないほうがよいでしょう。
　本書では、なるべく「補語」という言葉を避け、イメージを使って語順を説明していきます。

4 どのぐらいの時間

◆「どのぐらいの時間」とは？

「どのぐらいの時間」とは、ある動作をする（した）時間の長さのことです。たとえば、次の例文の中の"八个小时"（8時間）がそれにあたります。

| 我每天睡八个小时觉。 | Wǒ měi tiān shuì bā ge xiǎoshí jiào. |
| | 私は毎日8時間寝ます。 |

◆「どのぐらいの時間」の位置

イラストにあるように、「どのぐらいの時間」は動詞の後に置かれます。

他看了一个小时电视。	Tā kànle yí ge xiǎoshí diànshì.
	彼はテレビを1時間見ました。
我每天跑三十分钟。	Wǒ měi tiān pǎo sānshí fēn zhōng.
	私は毎日30分走ります。
我哥哥在北京住过一年。	Wǒ gēge zài Běijīng zhù guo yī nián.
	私の兄は北京に1年間住んだことがあります。
她写了多少时间了?	Tā xiěle duōshao shíjiān le？
	彼女はどのぐらいの時間、書きましたか。

動詞の後に気をつけよう | 第2章

時間の長さを表す語句は、動詞の後に置きます。

| 誰・何 | いつ | どこ・どのように | する・です | どのくらいの時間 | 誰・何 |

副詞（どこでも）

| 誰/何 | いつ | どこ | どのように | する です | どのくらいの時間/何回 | どこ | 誰/何 | どんな | どれくらい |

我　毎天　　　　　　睡　八个小时　覚。

他　　　在韩国　　　留过　一年　　学。

我　　　　　　　　　游了　一个小时　泳。

＜例外＞
他　　　　　　　　　等了　　　　　我　一个小时。

イメージ

動作を「どのぐらいの時間」する（した）かということは、女王に仕える騎士1号で表します。仕えているのですから、当然、女王の後ろにいます。基本的に、女王と騎士1号の間に、アリスは入ってきません。ただし、アリスが人を指す場合だけ、女王と騎士1号の間に入ってきます。

◆ 離合詞と「どのぐらいの時間」

| 她看了三个小时电视。 | Tā kànle sān ge xiǎoshí diànshì.
彼女はテレビを3時間見ました。 |

"看电视"の"看"は、動詞だとすぐにわかりますね。ところが、"游泳"のような言葉になると、少し複雑です。

中国語には、"蛙泳"（平泳ぎ）、"蝶泳"（バタフライ）などの言い方があります。つまり、"泳"は「泳ぎ」（名詞）、"游"は「泳ぐ」（動詞）です。「どのぐらいの時間」は、"游"の後に置きます。

| 我游了一个小时泳。 | Wǒ yóule yí ge xiǎoshí yǒng.
私は1時間泳いだ。 |

| 他在韩国留过一年学。 | Tā zài Hánguó liúguo yì nián xué.
彼は韓国に1年間留学したことがあります。 |

"游泳"、"留学"は、82ページで話した離合詞です。

◆ 例外 —— 目的語が人である場合

「どのぐらいの時間」を使う場合、例外があります。
目的語が人である場合、「どのぐらいの時間」は目的語の後ろに置きます。

| 他等了我一个小时。 | Tā děngle wǒ yí ge xiǎoshí.
彼は私を1時間待ちました。 |

◆「どのぐらいの時間」と「いつ」

文の中に、時間と関係のある言葉がふたつ出てくる場合があります。

> 我昨天看了一个小时电视。　Wǒ zuótiān kànle yí ge xiǎoshí diànshì.
> 　　　　　　　　　　　　　私は昨日、1時間テレビを見ました。

"昨天"は「いつ」を、"一个小时"は「時間の長さ」を表します。「どのぐらいの時間」は「いつ」と違って動詞の後に置かれます。

日本語では、「いつ」も「どのぐらいの時間」も動詞の前にくるので、みなさんはふだん両者の違いをあまり意識していないかもしれませんね。中国語の語順をマスターするためには、次のような言葉の違いに敏感になってください。

動詞の前：「いつ」を表す				
liǎng diǎn 两点	sān hào 三号	sānyuè 三月	xīngqīyī 星期一	shénme shíhou 什么时候
2時	3日	3月	月曜日	いつ

動詞の後：「どのくらいの時間」を表す				
liǎng ge xiǎoshí 两个小时	sān tiān 三天	sān ge yuè 三个月	yí ge xīngqī 一个星期	duōcháng shíjiān 多长时间
2時間	3日間	3カ月	1週間	どのぐらいの時間

また、"我说汉语说了一个小时。"という言い方があります。これについては、148ページであらためて説明します。

5　何回

◆「何回」とは？

「何回」とは、動作の回数です。中国語の回数についての表現は、日本語より豊富です。

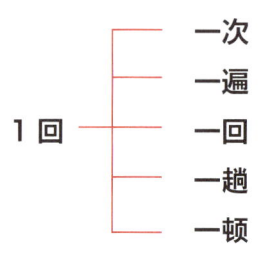

```
         ┌── 一次
         ├── 一遍
1回 ─────┼── 一回
         ├── 一趟
         └── 一顿
```

◆「何回」の位置

「何回」の語順は、基本的に「どのぐらいの時間」と同じで、動詞の後ろに置きます。

我看了<u>三遍</u>那部电视剧。　　Wǒ kànle sān biàn nàbu diànshìjù.
　　　　　　　　　　　　　　　私はあのドラマを3回見ました。

他结过<u>两次</u>婚。　　　　　　Tā jiéguo liǎng cì hūn.
　　　　　　　　　　　　　　　彼は2回結婚したことがあります。

我跟他吃过<u>一顿</u>饭。　　　　　Wǒ gēn tā chīguo yí dùn fàn.
　　　　　　　　　　　　　　　彼と1回食事をしたことがあります。

我去年去了<u>一趟</u>北京。　　　　Wǒ qùnián qùle yí tàng Běijīng.
　　　　　　　　　　　　　　　去年北京に1回行きました。

動詞の後に気をつけよう | 第 **2** 章

回数を表す語句は動詞の後に置かれます。

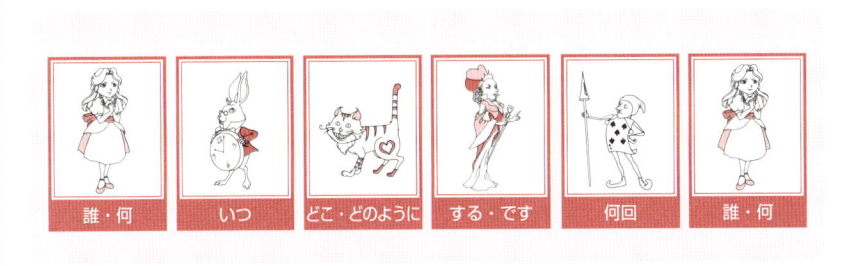

| 誰・何 | いつ | どこ・どのように | する・です | 何回 | 誰・何 |

```
         どこでも
      ─── 副詞 ───
誰  │    │   │     │ する │ どのくらいの時間 │   │ 誰 │    │
何  │いつ│どこ│どのように│ です │     何回      │どこ│ 何 │どんな│どれくらい
```

我		看了	三遍	那部电视剧。
我	跟他	吃过	一顿	饭。
我 去年		去了	一趟	北京。

＜例外＞
| 他 | | 拍了 | | 我 | 一下。 |
| 她 | | 去过 | | 上海 | 三次。 |

イメージ

女王に仕える騎士2号は「何回」を表します。
女王と騎士2号の間に、基本的にアリスは入ってきませんが、アリスが人を指す場合は、特例として女王と騎士2号の間に入っていきます。

◆ 例外

① 目的語が人である場合

「どのぐらいの時間」と同じく、**目的語が人の場合は、「何回」を目的語の後**に置きます。

| 他拍了我一下。 | Tā pāile wǒ yíxia.
彼は私を1回叩きました。 |

| 我见过他两次。 | Wǒ jiànguo tā liǎng cì.
彼と2回会ったことがあります。 |

② 目的語が場所である場合

目的語が場所である場合、「何回」は目的語の後に置くこともできます。

| 她去过上海三次。 | Tā qùguo Shànghǎi sān cì.
彼女は3回上海に行ったことがあります。 |

「何回」の語順のもうひとつのパターンは、148ページであらためて紹介します。

「ちょっと」についての言い方

まず次の例を見てください。

等我一下。　Děng wǒ yíxià.　ちょっと待ってください。

"一下"は本来は「1回」ですが、「ちょっと」の意味があり、語気を和らげるために使います。語順は、公式で示されている「何回」と同じです。

■ 動詞の場合

① 時間が短い「ちょっと」

我看了一会儿电视。Wǒ kànle yíhuìr diànshì.　テレビを少し見ました。

② 対象が少ない「ちょっと」

我看了一点儿。Wǒ kànle yìdiǎnr.　ちょっと見ました。

③ 回数が少ない「ちょっと」

我看了一下电视机。Wǒ kànle yíxià diànshìjī.　テレビをちらっと見ました。

■ 形容詞の場合

① マイナスの「ちょっと」

今天有点儿热。Jīntiān yǒudiǎnr rè.　今日はちょっと暑いです。

② 希望する「ちょっと」

我要热一点儿的菜。Wǒ yào rè yìdiǎnr de cài.　ちょっと熱い料理がほしい。

6　程度

◆ 程度とは？

　おいしい料理を食べて、作った人に感謝の気持ちを表したいとき、「料理をほめる」と「腕をほめる」とふたつの方法があります。

这个菜很好吃。　　　　　　　Zhège cài hěn hǎochī.
　　　　　　　　　　　　　　この料理はおいしい。

他做得很好。　　　　　　　　Tā zuò de hěn hǎo.
　　　　　　　　　　　　　　彼は作るのがうまい。

　下の「腕をほめる」"得"を使う文は、程度・様子を表す表現です。

◆ 程度を表す言葉の位置

　程度を表す言葉は、次のように、「動詞＋得」の後につけます。これらの言葉は、形容詞または"像〜一样"のようなフレーズです。

動詞	得	形容詞
吃	得	很快
食べる	のが	速い

　形容詞は帽子屋です。24ページに書いたように、ふだん女王（動詞）と帽子屋（形容詞）は一緒に登場しません。どうしても一緒にいないといけないときは、"得"という関係を取り持つ人が必要だと考えましょう。

她演得太棒了。　　　　　　　Tā yǎn de tài bàng le.
　　　　　　　　　　　　　　彼女の演技はすばらしい。

仲の悪い動詞と形容詞の間には、仲を取り持つ"得"が入ります。

| 誰・何 | いつ | どこ・どのように | する・です | | どんな |

```
        ┌─── どこでも ───┐
        │     副詞       │
誰 / いつ / どこ / どのように / する / どのくらいの時間 / どこ / 誰 / どんな / どれくらい
何                          です    何回            何
```

他　　　在公司　　　做得　　　　　　很好。

她　　　　　　　　　演得　　　　　　太棒了。

他　昨天　　　　　　起得　　　　　　很晚。

他　　　　　　　　　说得　　　　　　怎么样？

这个菜　　　　　　　做得　　　　　　太好吃了。

イメージ

帽子屋は女王と仲が悪いので、ふだんはめったに顔を合わせませんが、どうしても顔を合わさなくてはならないとき、間を取り持つ漢字"得"が入ります。

| 他每天起**得**很早。 | Tā měi tiān qǐ de hěn zǎo.
彼女は毎日起きるのが早いです。 |

| 他昨天起**得**很晚。 | Tā zuótiān qǐ de hěn wǎn.
彼は昨日遅く起きました。 |

以上のように、いつものことにも、昨日のことにも、"了"をつけません。

| 他说**得**怎么样？ | Tā shuō de zěnmeyàng?
彼の話はどうですか。 |

| 我跑**得**不太快。 | Wǒ pǎo de bú tài kuài.
私は走るのがあまり速ありません。 |

| 这个菜做**得**太好吃了！ | Zhège cài zuò de tài hǎochī le!
この料理はすごくおいしいです。 |

◆ 程度を表す言葉と目的語

　程度を表す言葉と目的語はとても相性が悪く、程度補語を使うと、目的語は動詞の後ろに居づらくなって、前に行きます。

| 他<u>汉语</u>说**得**很好。 | Tā Hànyǔ shuō de hěn hǎo.
彼は中国語を話すのが上手です。 |

| 他的<u>汉语</u>说**得**很好。 | Tā de Hànyǔ shuō de hěn hǎo.
（同上） |

　他の語順は、150ページであらためて説明しましょう。

形容詞と程度

　この章ではおもに動詞を取り扱っていますが、ここで形容詞に対して程度を表す方法をみてみましょう。おもにふたつの方法があります。

① 副詞＋形容詞

ドードー鳥（副詞）と帽子屋（形容詞）の関係でイメージしましょう。

今天**非常热**。　　　　　　Jīntiān fēicháng rè.
　　　　　　　　　　　　　今日はとても暑い。

这个包**有点儿重**。　　　　Zhè ge bāo yǒudiǎnr zhòng.
　　　　　　　　　　　　　この鞄はちょっと重い。

② 形容詞＋程度補語

帽子屋（どんな）と帽子（どれぐらい）の関係でイメージしましょう。その中に、ふたつのケースがあります。

(1) "得" を使うケース

白得像雪。　　　　　　　Bái de xiàng xuě.
　　　　　　　　　　　　　雪のように白い。

累得不想吃饭。　　　　　Lèi de bù xiǎng chīfàn.
　　　　　　　　　　　　　ご飯を食べたくないほど疲れています。

(2) "得" を使わないケース

今天**凉快一点儿了**。　　　Jīntiān liángkuai yìdiǎnr le.
　　　　　　　　　　　　　今日は少し涼しくなった。

她比以前**瘦多了**。　　　　Tā bǐ yǐqián shòu duō le.
　　　　　　　　　　　　　彼女は以前よりかなり痩せた。

7　どこ・どのように

◆「どこ・どのように」とは？

　第1章で「チェシャ猫」というたとえをお話ししたときに、「前置詞フレーズ」についても紹介しました。
　それは「どこ・どのように」を表す言葉です。前置詞には、"在"、"从"、"到"などがありましたね。

从10点	cóng shí diǎn	10時から
到12点	dào shí'èr diǎn	12時まで
给王先生	gěi Wáng xiānsheng	王さんに
跟李小姐一起	gēn Lǐ xiǎojiě yìqǐ	李さんと一緒に
离我家	lí wǒ jiā	私の家から

◆動詞の後の「どこ」

　イラストを見ると、チェシャ猫は女王の後ろにもいます。つまり、前置詞フレーズは、動詞の後に置くこともあります。文法上、動詞の後ろにくると、補語と見なされ、動詞より後ろの「どこ・どのように」は前置詞補語と呼びます。

我寄给王老师明信片。	Wǒ jìgěi Wáng lǎoshī míngxìnpiàn.
	王先生に葉書を送ります。
我寄到北京。	Wǒ jìdào Běijīng.
	北京まで郵送します。

動詞の後に気をつけよう | 第2章

「どこ・どのように」を表す前置詞フレーズは、動詞の後ろに置くことができます。

誰・何	いつ	どこ	どのように	する・です	どのくらいの時間/何回	どこ	誰・何	どんな	どれくらい

副詞 / どこでも

我		寄	给王老师 明信片。
		走	到新宿。
她		送	给我　一件礼物。
[请]		放	在办公室里。
我		寄	到北京。

イメージ

「どこ」「どのように」を示すチェシャ猫は女王の後ろにいることもあります。女王の前にいるチェシャ猫と、意味合いは少し違います。

走到新宿。　　　　　　Zǒudào Xīnsù.
　　　　　　　　　　　新宿まで歩きます。

她送给我一件礼物。　　Tā sònggěi wǒ yí jiàn lǐwù.
　　　　　　　　　　　彼女は私にプレゼントをくれました。

她生于广州。　　　　　Tā shēngyú Guǎngzhōu.
　　　　　　　　　　　彼女は広州生まれです。

"于"はおもに書き言葉で使われます。

◆ 動詞の前の「どこ・どのように」と動詞の後の「どこ・どのように」

前置詞フレーズは、動詞の前と後で、意味が異なる場合があります。

他在办公室打电话。　　Tā zài bàngōngshì dǎ diànhuà.
　　　　　　　　　　　彼はオフィスで電話をかけています。

请放在办公室里。　　　Qǐng fàngzài bàngōngshì lǐ.
　　　　　　　　　　　オフィスに置いてください。

　上の例は動作の場所を指し、「〜で」と訳します。下の例は「もの」をこれから置く場所を指し（つまり、存在と関係があります）、「〜に」で訳します。

　公式では、「する・です」の後に「どこ」と書いてあります。これは"在"フレーズ、"到"フレーズ（場所の場合）を指します。"到9点"（9時まで）、"给老王"（王さんに）などのフレーズは、語順公式の中に表記していません。

「時間順」という考え方

本書では、チェシャ猫が2回出てきました。第1章では、女王の前に、第2章では、女王の後に、です。このふたつはどのように違うのでしょうか。

ここで「時間」を示すチェシャ猫のことを見てみましょう。一番のポイントは、「時間順にそって考える」です。

| 我看到十点。 | Wǒ kàndào shí diǎn.
私は10時まで見ます。

「テレビを見る」+「10時になる」という順番ですね。

「場所」を表す場合、左ページにあるように、ふたつのケースがあります。① 動作を行う場所を示してから、動作を言う。② 存在することを表す動詞を言ってから、存在する場所を言う。

| 请放在办公室里。 | Qǐng fàngzai bàngōngshì li.
オフィスに置いてください。

上記は②の例です。これも、"放"（置く）という動作をしてから、「ものがオフィスにある」ということでしょう。時間順という考え方を表していると言えます。

しかし、後ろにさまざまな言葉があると、このチェシャ猫を前にもっていきます。

| 他把名字写在黑板上。 | Tā bǎ míngzi xiězai hēibǎn shang.
彼は名前を黒板に書いた。

| 他在黑板上写了三个字。 | Tā zài hēibǎn shàng xiě le sān ge zì.
彼は黒板に3つの字を書いた。

つまり、中国人はわりと自由にチェシャ猫の場所を調節するのです。

練習問題

どのくらいの時間、何回、どこの語順 をマスターしましょう。

1. 下の日本語の意味になるように、正しい語順に直してください。

| 誰/何 | いつ | どこ | どのように | する/です | どのくらいの時間/何回 | どこ | 誰/何 | どんな | どれくらい |

副詞（どこでも）

---

1 晩饭・她・一个小时・后・跑・步・毎天

彼女は毎日、晩ご飯の後に1時間ジョギングします。

Hint "跑步" は「走る、ジョギングをする」。

2 玩・游戏・了・在・同学家・昨天晚上・我・一个晚上

私は昨夜、友だちの家でひと晩中ゲームをしていました。

3 我・两趟・了・中国・上个月・去

私は先月、中国に2回行きました。

4 我・吃・跟他一起・一・过・顿・饭

私は彼と一緒に食事をしたことがあります。

5 以前・日本・两年・她・过・当・来・老师

彼女は日本に来る前に、2年間先生をしていました。

解答と解説

1 Tā měi tiān wǎnfàn hòu　pǎo　yí ge xiǎoshí　bù.
她 / 每天晚饭后 / 跑 / 一个小时 / 步 。
　誰　　　いつ　　　する　どのぐらいの時間　何

まず、「いつ」にあたる"每天晚饭后"を作ります。"跑步"は離合詞なので、「どのぐらいの時間」を表す"一个小时"を"跑"と"步"の間に入れましょう。

---

2 Wǒ zuótiān wǎnshang zài tóngxué jiā　wán　le　yí ge wǎnshang　yóuxì.
我 / 昨天晚上 / 在同学家 / 玩 / 了 / 一个晚上 / 游戏 。
　誰　　いつ　　　どこ　　する　　　どのぐらいの時間　何

「誰」・「いつ」・「どこ」・「どのぐらいの時間」がそろっている文です。"在同学家"というセットを作っておきましょう。"一个晚上"は動詞の後にきます。"了"は数字の前に置きましょう。

---

3 Wǒ　shànggeyuè　qù　le　liǎng tàng Zhōngguó.
我 / 上个月 / 去 / 了 / 两趟 / 中国 。
　誰　　いつ　　する　　　何回　　何

"趟"は「往復の回数」を数える言葉です。"次"より正確です。「何回」後に続く言葉が場所の場合、どちらが先でもかまいません。(104 ページ)"去了两趟中国"でも"去了中国两趟"でもOKです。

---

4 Wǒ　gēn tā yìqǐ　chī　guo　yí dùn　fàn.
我 / 跟他一起 / 吃 / 过 / 一顿 / 饭 。
　誰　　どのように　する　　　何回　　なに

"顿"は食事などの回数を数える表現です。「何回」"一顿"は離合詞"吃饭"の間に入れましょう。

---

5 Tā　lái Rìběn yǐqián　dāng　guo　liǎng nián　lǎoshī.
她 / 来日本以前 / 当 / 过 / 两年 / 老师 。
　誰　　　いつ　　　する　　　どのぐらいの時間　何

まず「いつ」にあたる言葉を作ります。語順は"以前来日本"ではなく、日本語と同じ"来日本以前"です。"当老师"は「先生になる」で、動詞"当"の後に"过"、"两年"が続きます。

練習問題

```
         どこでも
         副詞
誰/何 / いつ / どこ / どのように  | する です |  どのくらいの時間 / 何回 / どこ / 誰 何 / どんな / どれくらい
```

6 住・的・郊区・北京・我・在
私は北京の郊外に住んでいます。

7 睡・早上・到・十点・今天・他
彼は今朝10時まで寝ました。

8 送・朋友・我・一件礼物・给
友だちが私にプレゼントをくれました。

9 十六・建于・世纪・这个・城堡
この城は16世紀に建てられました。

10 他的・太・字・难看・得・写・了
彼の字は汚すぎます。

Hint "难看"は「見栄えが悪い」。

動詞の後に気をつけよう | 第2章

\ 解答と解説 /

6 Wǒ / zhù / zài Běijīng de jiāoqū.
我 / 住 / 在北京的郊区。
誰　する　　どこ

"在～"と動詞の位置関係：①動作が起こる場所を表すときは動詞の前（「～で」と訳す）、②存在する場所を表すときは動詞の後ろ（「～に」と訳す）に置きます。「～で」は前、「～に」は後と覚えましょう。「～に住む」は存在する場所を表すので、動詞の後ろに置きます。

7 Tā jīntiān zǎoshang / shuì / dào shí diǎn.
他 / 今天早上 / 睡 / 到十点。
誰　　いつ　　　する

よく間違って、"他今天早上到十点睡."としてしまいます。"到十点"（チェシャ猫）と動詞の位置関係はわかりにくいので、時間順で考えましょう（113ページ）。①"到十点睡"は「10時になってから寝る」、つまり「10時まで起きている」という意味です。②"睡到十点"は「寝る」そして「10時になる」、つまり「10時まで寝ている」になります。

8 Péngyou / sòng / gěi wǒ / yí jiàn lǐwù.
朋友 / 送 / 给我 / 一件礼物。
誰　　する　　　　　　何

"给我"（チェシャ猫）は動詞の前でしょうか？それとも後でしょうか？前に置くと、「私のために」「私（対象）に」の意味ですが、後ろに置くと、「私（対象）に」という意味に限定されるので、動詞の後ろに置いたほうがいいでしょう。

9 Zhège chéngbǎo / jiàn / yú shíliù shìjì.
这个城堡 / 建 / 于十六世纪。
何　　　　する

"于"は"在"の文語的な表現で、"在"と同様に時間や場所を提示します。動詞の後ろに置くことが多いです。

10 Tā de zì / xiě / de / tài nánkàn / le.
他的字 / 写 / 得 / 太难看 / 了。
何　　する　　　どんな

「～すぎる」には「"太"＋形容詞＋"了"」を使います。「汚すぎる」は"太难看了"です。動作の程度を表す場合は「する＋"得"＋どんな」の形をとります。"他写字写得太难看了."あるいは"他字写得太难看了."とも言えます。

117

練習問題

2. 中国語に訳しましょう。

| 誰/何 | いつ | どこ | どのように | **する／です** | どのくらいの時間／何回 | どこ | 誰/何 | どんな | どれくらい |

副詞（どこでも）

1 先月、彼は40時間授業をしました。

Hint 「授業をする」は"**上课**"。

2 私は毎日1時間単語を暗記します。

Hint 「単語を暗記する」は"**背单词**"。

3 彼は私をちょっと叩きました。

4 私は北京で北京ダックを2度食べたことがあります。

5 私は今年、4回出張しました。

動詞の後に気をつけよう | 第2章

解答と解説

1　Tā　shànggeyuè　shàng　le　sìshí ge xiǎoshí　kè.
他 / 上个月 / 上 / 了 / 四十个小时 / 课。
　誰　　いつ　　する　　　　どのぐらいの時間　　何

「授業に出る」も「講義をする」も離合詞の"上课"を使います。先月は"上个月"（カレンダーをイメージしてください。上の月ですね）、＜いつ＞を表します。「40時間」は"四十个小时"で＜どのぐらいの時間＞を表します。＜いつ＞は動詞の前に、＜どのぐらいの時間＞は離合詞の間に入ります。

2　Wǒ　měi tiān　bèi　yí ge xiǎoshí　dāncí.
我 / 每天 / 背 / 一个小时 / 单词。
　誰　　いつ　　する　　どのぐらいの時間　　何

"每天"は＜いつ＞を、"一个小时"（1時間）は＜どのぐらいの時間＞を表します。後者は"背"（暗記する）にくっつきます。ちなみに、第1声の"背"bēi は「背負う」という意味です。

3　Tā　dǎ　le　wǒ　yíxià.
他 / 打 / 了 / 我 / 一下。
　誰　　する　　　誰　　何回

「ちょっと」は"一下"の他に"一会儿"や"一点儿"も使えます（105ページ）。"一下"は本来＜何回＞を表す言葉で、意味が「ちょっと」に変わっても、語順は同じです。文の後ろにある＜誰＞が人である場合、＜何回＞は＜誰＞の後ろへいくという特例があります（104ページ）。

4　Wǒ　zài Běijīng　chī　guo　liǎng cì　kǎoyā.
我 / 在北京 / 吃 / 过 / 两次 / 烤鸭。
　誰　　どこ　　する　　　何回　　何

「北京で」は動作が起きた場所を表すので、"在北京"は動詞の前に置きましょう。「したことがある」は"过"です。「北京ダック」はモノなので、かならず"两次"の後に置きます（102ページ）。

5　Wǒ　jīnnián　chū　le　sì cì　chāi.
我 / 今年 / 出 / 了 / 四次 / 差。
　誰　　いつ　　する　　　何回　　何

出張は"出差"（離合詞）で、4回（"四次"）は"出"と"差"の間に入ります。"了"は数字の前に置きます。「今年4回も出張したよ」と数の多さを強調したい場合は、文末に"了"をつけます（91ページ）。

| 誰/何 | いつ | どこ | どのように | する/です | どのくらいの時間/何回 | どこ | 誰/何 | どんな | どれくらい |

どこでも = 副詞

6 どこに住んでいますか。

7 昨日は9時まで仕事をしました。

8 お母さんが小包を送ってくれました。

9 もう一度言ってください。

10 彼は毎日起きるのが遅いのですが、昨日は早く起きました。

解答と解説

6
Nǐ / zhù / zài nǎr?
你 / 住 / 在哪儿？
誰　する　どこ

「～に住む」は"住"と"在～"の組み合わせで表します。この場合は、行動する場所ではなく、存在する場所を表すので、"在～"は動詞"住"の後ろに置きます。

7
Wǒ zuótiān / gōngzuò / dào jiǔ diǎn.
我 / 昨天 / 工作 / 到九点。
誰　いつ　する

「9時まで」は"到九点"で、動詞"工作"の前後に置きます。"工作到九点"とは「仕事をする→9時になる」という順番に並べ、「9時まで仕事をする」という意味です。"到九点工作"なら、「9時から仕事をする」という意味です（113ページ）。

8
Māma / jì / gěi wǒ / yí ge bāoguǒ.
妈妈 / 寄 / 给我 / 一个包裹。
誰　する　　　何

「くれた」があるので、"给我"（私に）を入れましょう。"给我寄了一个包裹"とも言います。「送る」に使われる単語はさまざまで、小包、手紙などのように郵便局を通せば"寄"、メールは"发"、プレゼントは"送"です。例："寄信" jì xìn（手紙を送る）、"发邮件" fā yóujiàn（メールを送る）、"送礼物" sòng lǐwù（プレゼントを贈る）

9
Qǐng zài / shuō / yíbiàn.
请 / 再 / 说 / 一遍。
　　副詞　する　何回

「話」の量詞は"遍"で、"一遍"は動詞"说"の後ろに置きます。副詞の"再"（もう一度、また）は動詞の前に置きます。

10
Tā měitiān / qǐ / de hěn wǎn, dànshì zuótiān / qǐ / de hěn zǎo.
他 / 每天 / 起 / 得 / 很晚，但是 / 昨天 / 起 / 得 / 很早。
誰　いつ　する　　　どんな　　　いつ　する　　どんな

「起きるのが早い」は、"起得很早"と言います。この表現では、完了したことに"了"をつけません。"了"がつくと、「～になった」の意味になります。たとえば、"现在起得很早了。"は「今は早く起きるようになった」。"但是"は「しかし」です。

8　方向

◆ 方向とは？

「走ってやってくる」「運転して戻っていく」と聞くと、みなさんは「走る・来る」「運転する・戻ってくる」とふたつの動詞がくっついているイメージを持たれるでしょうか。

中国語では、"跑过来"、"开回去"と言います。「走る」や「運転する」は動作、「来る」、「戻っていく」は動作の方向を示しています。文法上、このような表現は方向補語といいます。

$$跑+过来 \qquad 开+回去$$

中国語では動作の後に方向を示すことがあります。状況を見て、"来"か"去"を補いましょう。

たとえば、「入ってもいい？」と言う場合、"可以进吗？"は不自然です。"可以进来吗？"もしくは"可以进去吗？"と言います。

◆ 方向を示す言葉の位置

イラストで示すように、方向を示す言葉は動詞の後につけます。

他从楼上跑下来了。	Tā cóng lóushàng pǎoxiàlai le. 彼は上の階から走り降りてきました。
请把椅子拿出去。	Qǐng bǎ yǐzi náchūqu. 椅子を外に持っていってください。
他把电脑拿进办公室来了。	Tā bǎ diànnǎo nájìn bàngōngshì lái le. 彼はパソコンを事務室に持ってきました。

動詞の後に気をつけよう | 第 **2** 章

方向を示す言葉は動詞の後に置かれます。

|誰・何|する・です|方向|誰・何|

```
            どこでも
       ─── 副詞 ───
誰/いつ/どこ/どのように  する  どのくらいの時間/どこ/誰/どんな/どれくらい
 何                   です   何回        何
```

他	从楼上		跑下来了。	
[请]		把椅子	拿出去。	
他		把电脑	拿进	办公室来了。
他			站起来了。	
天气			热起来了。	

イメージ

女王に仕える騎士3号は「方向」を表し、女王の後ろにいます。
女王と騎士3号の間に、基本的にアリスは入ってきません。そのため、アリスはよく"把"と一緒に女王の前に行きます。「場所」は2文字の方向補語の間に割り込みます。

◆ 方向を示す言葉の分類

方向を示す言葉は次のように分類できます。

動作	方向				
跑 pǎo （走る） 拿 ná （持つ）	来 lai 来る	去 qu 行く	过来 guòlai やってくる	过去 guòqu すぎていく	
	上来 shànglai 上がってくる	上去 shàngqu 上がっていく	下来 xiàlai 降りてくる	下去 xiàqu 降りていく	起来 qǐlai 上がる
	进来 jìnlai 入ってくる	进去 jìnqu 入っていく	出来 chūlai 出てくる	出去 chūqu 出ていく	
	回来 huílai 帰ってくる	回去 huíqu 帰っていく			

◆ モノ・場所との関係

　動詞が、"跑"、"走"、"跳"などの自分が動く動作ではなく、"拿"、"搬"、"取"などのような「モノを動かす」動作の場合は、どう表現すればいいでしょう。
　その場合は、"把"（〜を）を使います。（"把"については、詳しくは192ページ以降を参照してください。）

他把电脑拿出来了。　　　Tā bǎ diànnǎo náchūlai le.
　　　　　　　　　　　　彼はパソコンを取り出しました。

女王の後ろに騎士3号（方向）がつくと、場所は、ふたつの方向補語の間に入ります。

请把椅子拿出教室去。　　Qǐng bǎ yǐzi náchū jiàoshì qù.
　　　　　　　　　　　　椅子を教室の外に持っていってください。

◆ 派生的な用法

方向補語には、派生的な意味もあります。
"起来"という例で説明しましょう。
本来、"起来"は下から上へというイメージを持っています。

| 他**站起来**了。 | Tā zhànqǐlai le.
彼は立ち上がりました。

| 他把笔**拿起来**了。 | Tā bǎ bǐ ná qǐlai le.
彼はペンを持ち上げました。

このイメージから「だんだん〜してくる」という意味が生まれました。

| 天气**热起来**了。 | Tiānqì rèqǐlai le.
だんだん暑くなってきました。

また、動作につけると、「〜し出す」という意味になります。

| 大家**唱起来**！ | Dàjiā chàngqǐlai！
みんなで歌おう！

このように、さまざまな派生的用法があるのでイメージでとらえてください。

9 結果

◆ 結果とは？

まず「探す」と「見つける」の違いを考えてみましょう。

「探す」は動作、「見つける」は探した結果を表しています。この場合、日本語ではふたつの単語で使い分けますが、中国語では、「探す」は"找"、「見つける」は"找到"と言います。"找"は動作を表し、"到"は、結果を表しています。

また、"看懂"という表現があります。"看"（見る、読む）はひとつの動作、"懂"（わかる、理解する）はこの動作の結果です。つまり、「読んでわかる」となります。この場合は"找到"と違って"懂"に対応する日本語があるので、比較的わかりやすいですね。

◆ 結果を表す言葉の位置

結果を表す言葉は、動詞か形容詞です。基本的に「動詞＋結果を示す動詞・形容詞」という形です。このような言葉は、ひとつの単語としておぼえたほうがよいでしょう。

找到＝見つける　　**看懂**＝読んでわかる

イラストでは、動詞の後につく騎士4号が、結果を示す言葉です。

我昨天在车站看见了小王。
Wǒ zuótiān zài chēzhàn kànjiànle Xiǎo Wáng.
昨日、駅で王さんを見ました。

他没听懂我的话。
Tā méi tīngdǒng wǒ de huà.
彼は私の話を（聞いて）わかっていません。

「動詞＋動詞・形容詞」で結果を表す表現があります。

| 誰・何 | する・です | 結果 | 誰・何 |

| 誰/何 | いつ | どこ | どのように | する です | どのくらいの時間/何回 | どこ | 誰/何 | どんな | どれくらい |

（副詞：どこでも）

| 我 | 昨天 | 在车站 | 看见了 | | 小王。 |

| 他 | | 没 | 听懂 | | 我的话。 |

| 我 | | | 找到了 | | 那本书。 |

| 我的书 | | | 看到了吗？ |

| 那篇文章 | | | 翻译好了。 |

イメージ

女王に仕える騎士4号は、動作の結果を示す言葉です。女王にくっついてひとつの単語としておぼえましょう。騎士4号に含まれるイメージをよく理解しましょう。

◆ 重要な例

　結果を示す言葉は、そのまま日本語に訳しにくいので、その字のイメージをつかむことが大事です。ここでいくつかの字を紹介しましょう。
　可能補語（210ページ）との混同を避けるため、"了"をつけた形で説明します。

见

　"见"は、「見る」ではなく、「感じ取る」という意味です。"看了"は、「見ました」、"看见了"とは、見た結果、目に入って「見かけた」という意味です。
　同じように、"听了"とは「聞いた」、"听见了"は「聞こえた」です。聞こうとしたが聞こえなかった場合は次のように言います。

| 我听了，可是没听见。 | Wǒ tīng le, kěshì méi tīngjiàn.
聞こうとしましたが、聞こえませんでした。 |

到

　"到"は対象まで届いたというイメージです。したがって、"听到了"、"看到了"は"听见了"、"看见了"とほぼ同じです。
　"找"（探す）と組み合わせて"找到了"とすると、「見つかった・見つけた」になります。

| 我找到了那本书。 | Wǒ zhǎodàole nà běn shū.
あの本を見つけました。 |
| 那本书找到了。 | Nà běn shū zhǎodào le.
あの本が見つかりました。 |

　このイメージは、「探す」に限りません。"买"、"吃"、"坐"などの動作と組み合わせることもできます。つまり、行為が「目的を達成した」という意味です。

| 我想去中国，可是没买到飞机票。
Wǒ xiǎng qù Zhōngguó, kěshì méi mǎidào fēijīpiào.
中国に行きたいのですが、チケットが取れませんでした。

"没想到"は「そこまで思わなかった」、つまり「意外だった」という意味です。

| 没想到他会说日语。　　　Méi xiǎngdào tā huì shuō Rìyǔ.
彼が日本語を話せるとは思いませんでした。

住

"住"は、「住む」という言葉から、「動作が停止、または安定する」という状態をイメージしましょう。
　体操選手が着地に失敗した場合は"没站住"（しっかり着地できなかった）と言い、ボールをしっかり受け取れば、"接住了"と言います。
　「記憶する」は"记"で、"记住了"は「記憶して脳に定着した」という意味、つまり「憶えた」ということを表します。逆に"没记住"は、憶えられなかったという意味です。"忘了"（忘れた）とは違いますね。

| 他告诉我他的电话号码，我没记。
Tā gàosu wǒ tā de diànhuà hàomǎ, wǒ méi jì.
彼は私に電話番号を告げましたが、私はおぼえようとしませんでした。

| 我没记住他的名字。　　　Wǒ méi jìzhù tā de míngzi.
彼の名前をおぼえられませんでした。

好

"好"は「良い状態になる」や「仕上がる・仕上げる」という意味です。

我要学好汉语。　　　　　　　Wǒ yào xuéhǎo Hànyǔ.
　　　　　　　　　　　　　　　私は中国語をマスターしたいと思います。

この場合の"好"は良い状態を表します。
　また、時間に注目する"完"（終わる）と違って、"好"は多くの場合、動作の対象に注目するときに使います。

饭做好了。　　　　　　　　　Fàn zuòhǎo le.
　　　　　　　　　　　　　　　ご飯ができたよ。

饭做完了。　　　　　　　　　Fàn zuòwán le.
　　　　　　　　　　　　　　　ご飯を作り終えた。

那篇文章翻译好了。　　　　　Nà piān wénzhāng fānyìhǎo le.
　　　　　　　　　　　　　　　あの文章の翻訳が仕上がった。

那篇文章翻译完了。　　　　　Nà piān wénzhāng fānyìwán le.
　　　　　　　　　　　　　　　あの文章を翻訳し終えた。

　以上の例で、"好"と"完"のどちらを使った場合も状況は同じです。しかし注目するポイントが異なります。こういう細かいところに注目していけば、結果補語をマスターすることができるでしょう。

◆ 結果補語は、なぜ難しい？

「結果補語」は学習者を悩ませる補語のひとつです。それは、日本語では、＜動作＞と＜動作の結果＞をあまり厳密に分けないためです。

次のふたつの「見た」を中国語でどう訳しますか。

（本を探しながら）私の本を見た？

あのドラマを見た？

下の「見た」は動作を表していますが、上の「見た」は「見かけた」（結果）を表し、中国語では形が違ってきます。

我的书看到了吗？　　　　　　　Wǒ de shū kàndào le ma？
　　　　　　　　　　　　　　　私の本を見かけましたか。

你看了那部电视剧了吗？　　　　Nǐ kànle nàbu diànshìjù le ma？
　　　　　　　　　　　　　　　あのドラマを見ましたか。

この点を意識し、動作と結果の違いをよく考えれば、「動詞＋結果」の表現をマスターすることができることでしょう。

練習問題

方向・結果を表す言葉の語順 をマスターしましょう。

1. 下の日本語の意味になるように、正しい語順に直してください。

| 誰/何 | いつ | どこ | どのように | する/です | どのくらいの時間/何回 | どこ | 誰/何 | どんな | どれくらい |

副詞（どこでも）

1 吗・的・看・我・围巾・你・了・见
私のマフラーを見ましたか。

Hint "围巾" wéijīn は「マフラー」。

2 我说的・日文・懂・他・没・听
私が話した日本語を、彼は聞き取れなかった。

3 我・没・足球比赛・到・的・票・买
私はサッカーの試合のチケットを買えませんでした。

4 来・了・教室・走・进・老师
先生が教室に入ってきました。

5 回来・我・带・下周・把・样品
来週、サンプルを持って帰ってきます。

解答と解説

1 Nǐ / kànjiàn / wǒ de wéijīn / le / ma?
你 / 看见 / 我的围巾 / 了 / 吗？
誰　　する　　　　何

まず、"我的围巾"というかたまりを作ります。"看见"（見かける）をひとつの動詞として覚えましょう。"围巾"ではなく動詞に重点を置くので、"了"は文末におきます(90ページ)。間違いやすいのは、"看"だけを使うケースで、"你看我的围巾了吗？"は、「私のマフラーを（じっと）見た？」という意味です。

2 Tā / méi / tīngdǒng / wǒ shuō de Rìwén.
他 / 没 / 听懂 / 我说的日文。
誰　副詞　する　　　　何

まず、"我说的日文"というかたまりを作ります。動作を表す"听"と結果を表す"懂"を、"听懂"のようにひとつの単語として覚えましょう。否定形は、"没听懂"です。

3 Wǒ / méi / mǎidào / zúqiú bǐsài de piào.
我 / 没 / 买到 / 足球比赛的票。
誰　副詞　する　　　　何

まず、"足球比赛的票"というかたまりを作ります。動詞を表す"买"と結果を表す"到"を、"买到"とひとつの単語として覚えましょう。否定形は、"没买到"です。

4 Lǎoshī / zǒujin / jiàoshì / lái / le.
老师 / 走进 / 教室 / 来 / 了。
誰　　　する　　　どこ

「入ってくる」は"走进来"です。「教室」は場所なので、"走进"と"来"の間に入れます。

5 Wǒ / xiàzhōu / bǎ yàngpǐn / dàihuílai.
我 / 下周 / 把样品 / 带回来 。
誰　いつ　どのように　する

"回来"は"带"という動詞の方向を示します。"带回来"というかたまりを作りましょう。"把～"は「～を」という意味で、目的語を動詞の前に持っていくはたらきがあります(192ページ)。

練習問題

2. 中国語に訳しましょう。

| 誰/何 | いつ | どこ | どのように | する です | どのくらいの時間/何回 | どこ | 誰/何 | どんな | どれくらい |

（副詞：どこでも）

1 さっき駅で元カレを見かけました。

2 彼女の話がはっきり聞こえませんでした。

3 私はまだ自分の携帯を見つけていません。

4 観客はみんな立ち上がりました。

5 彼は部屋から歩いてきました。

動詞の後に気をつけよう　第2章

\ 解答と解説 /

1 Wǒ　gāngcái　zài chēzhàn　kànjiàn　le　qián nányǒu.
我 / 刚才 / 在车站 / 看见 / 了 / 前男友。
　誰　　いつ　　どこ　　　する　　　　　誰

「見かけた」は"看见了"です。"在车站"は動作を行う場所なので、動詞の前に置きます。「元カレ」は"前男友"、「元カノ」は"前女友"です。

---

2 Wǒ　méi　tīngqīngchǔ　tā de huà.
我 / 没 / 听清楚 / 她的话。
　誰　副詞　　する　　　　何

「はっきり〜する」は"〜清楚"です。よく"听"、"看"、"想"、"说"など、感覚に関係のある動詞と併用します。否定の場合は"没"＋動詞＋"清楚"の形式を使います。

---

3 Wǒ　hái méi　zhǎodào　zìjǐ de shǒujī.
我 / 还没 / 找到 / 自己的手机。
　誰　　副詞　　する　　　　何

まず「自分の携帯」"自己的手机"というかたまりを作ります。「見つけていない」は"没找到"です。"没找"と書くなら、「探さなかった」という意味になります。

---

4 Guānzhòng　dōu　zhànqǐlai　le.
观众 / 都 / 站起来 / 了。
　誰　副詞　　する

「立ち上がる」は"站起来"です。「みんな」という意味の副詞"都"は動詞の前に置きましょう。

---

5 Tā　cóng fángjiān li　zǒu chūlai　le.
他 / 从房间里 / 走出来 / 了。
誰　　　どこ　　　する

「(部屋から)歩いてきた」は、「中から外へ」という方向性を示しているので、"走来"だけではなく、"走出来"を使います。「〜から」は"从〜"で表し、かならず動詞の前に置きます。"房间"の後には"里"をつけましょう。

第3章
中国語らしい発想をしよう

誰・何 いつ どこ どのように／副詞／する・です／方向 結果 可能／着、过、了／どのくらいの時間 何回 どこ／誰・何 どんな どれくらい

そうなんだ！「話題」と「入れ子」で考えればいいのね！

◆ この章では、おもにどんなことをしますか？

二段重ねの図を使って中国語らしい発想を身につけます。

① 大きい話題から小さい話題へ話を進める発想
②「入れ子構造」という発想

◆ 中国語の基本構造は「主語＋動詞＋目的語」ではありませんか？

ここが最大の落とし穴です。

中国語は英語と違って、多くの文は「主語＋動詞＋目的語」だけでは説明できません。もっと立体的に把握する必要があります。

いつまでも「主語＋動詞＋目的語」にこだわっていると、次のステップへは進めません。

◆ 二段重ね？！立体的？！　聞いたことのない話ばかりですが……

中国語らしい発想は、これまで重要視されてきませんでした。このテーマを取り上げる参考書も少ないのです。みなさんが違和感をおぼえるのも無理のないことでしょう。

固定観念をわきに置いて、心を空にしたうえで、この章を読んでいただきたいと思います。そしてトレーニング問題を解いてください。練習の数をこなせば、あなたはきっと中国語らしい発想を身につけることができます。

大きい話題から小さい話題へ話を進める

中国語の語順をマスターする上で、ふたつの発想を知らなければなりません。

1. 話は大きい話題から小さい話題へ話を進める
2. 入れ子構造の中と外では、語順が変わらない

ここでは、その1について話します。2は、156ページで話します。

「大きい話題から小さい話題へ話を進める」という発想は、「主題＋三大文型」という形の文、同じ動詞が2回も出てくる文と2種類の文に現れています。

◆「主題＋三大文型」という形の文

第1章で説明した三大文型（名詞文、形容詞文、動詞文）の前に「主題」をつけることができます。その場合、主題は大きい話題、三大文型は小さい話題です。

大きい話題（主題）	小さい話題（三大文型）
① 他	爸爸是老师，妈妈是医生。
	Tā bàba shì lǎoshī, māma shì yīshēng.
	彼は、父親は先生で、母親は医者です
② 新宿	人很多。
	Xīnsù rén hěn duō.
	新宿は人が多い。
③ 这个电影	我看过三遍。
	Zhège diànyǐng wǒ kànguo sān biàn.
	この映画を私は3回見ました。

①では、まず「彼」という話題を提示します。「彼」にまつわる話は他にもたくさんありますが、ここでは「両親」について話す、という発想です。

②では、まず「新宿」という話題を提示します。「車が多い」「ビルが高い」

など他のこともありますが、ここでは「人がどうだろう？」という話をします。
　③では、「私が」という視点ではなく、「この映画は」という視点で話します。

　この大きい話題から小さい話題への話の進み方は、中国語と日本語の共通的な特徴と言えます。次のふたつの文を見てみましょう。

　　① **こんにゃくは**太らない。　　② **僕は**うなぎです。

　①の例では、こんにゃくは、太るわけがありません。太らないのは、こんにゃくを食べる人のことですよね。
　②の例も、うなぎを注文するときの言い方です。「こんにゃく」「僕」は動作の主体（動作主）ではなく、主題（トピック）です。

◆ 同じ動詞が2回出てくる文

　みなさんはすでにご存じのとおり、文の中に補語を使う場合、よく同じ動詞が2回も出てきます。この使い方に違和感をおぼえる方が多いようです。次のように話題の2回提示と考えてはいかがでしょうか。

大きい話題（一般的）　小さい話題（具体的）

他　说汉语　　　　　　　说得很好。

Tā shuō Hànyǔ shuō de hěn hǎo.
彼は中国語を話すのが上手です。

　"说"は"说汉语"と"说得很好"の形で2回も出てきます。両者を比べてみると、"说汉语"はより一般的で大きい話題です。"说得很好"はより具体的で小さい話題です。

　以上の2種類の文をおぼえるコツは、これからお話しする「二段重ねの記憶法」にあります。

1 主題 —— 形容詞文のケース

◆ 主題＋形容詞文

形容詞文の前に主題をつけることができます。

她个子很高。　　　　　　　　Tā gèzi hěn gāo.
　　　　　　　　　　　　　　　彼女は背が高い。

秋天北京很漂亮。　　　　　　Qiūtiān Běijīng hěn piàoliang.
　　　　　　　　　　　　　　　秋の北京はきれいですよ。

这附近哪家饭店最好吃？　　　Zhè fùjìn nǎ jiā fàndiàn zuìhǎo chī?
　　　　　　　　　　　　　　　この近くでは、どのレストランが一番おいしい？

"她"、"秋天"、"这附近"という主題を提示してから、"个子"、"哪家饭店"、"北京"について具体的に話します。

◆ 二段重ねのおぼえ方

　イラストでは、二段重ねの形で「主題＋形容詞文」を表しています。"她"、"秋天"、"这附近"などの主題は上の段に置きます。
主題の中の一部分についての詳しい話は、下の段に置きます。
語順は前の章で説明したとおりです。

　このことを、次のイメージでおぼえてみてはどうでしょう。

> アリスはさまざまなことに興味津々です。ある日、ひとつの穴（小さい話題）をのぞいてみました。はずみで、穴の中へ落ちていきました。そこには別の世界があります。にもかかわらず、この世界のルール（語順）は、元の世界と同じです。

中国語らしい発想をしよう　第3章

形容詞文に主題をつけた形です。
上の段が「主題」、下の段が形容詞文を表します。

| 誰・何 | いつ | どこ・どのように |

| 誰・何 | | どんな |

　　　　どこでも
　　　　副詞
| 誰/何 | いつ | どこ | どのように | する/です | どのくらいの時間/何回 | どこ | 誰/何 | どんな | どれくらい |

・她个子很高。
　她
　个子　　　　很　　　　　　　　　　　　　　　　高。

・秋天北京很漂亮。
　秋天
　北京　　　　很　　　　　　　　　　　　　　　　漂亮。

・这附近哪家饭店最好吃？
　这附近
　哪家饭店　　最　　　　　　　　　　　　　　　　好吃？

イメージ

上の段は、アリスが生活している世界です。アリスは穴から落ちて新しい世界に出会います。この、より小さな世界のルール（語順）は元の世界と同じです。この図は、帽子屋がいる世界を表しています。「左から右へ、改行、左から右へ」と読んでいきましょう。

2 主題 ―― 動詞文のケース

◆ 主題＋動詞文

動詞文の前に主題をつけることができます。

たとえば、「私はあの本を読んだ」という事実があります。「私が」という視点から言うと、"我看完了那本书。"ですが、視点を「この本は？」に変えると、"那本书我看完了。"となります。

"那本书"は主題です。「あの本はどうした？」―「私が読み終わった」という話の進み方です。"我"を省略して"那本书看完了。"とも言えます。

イラストでは、二段重ねの形で「主題＋動詞文」を表しています。上の段は主題、下の段は動詞文です。下の段の語順はいつもと同じです。

◆ 主題と動作主の違い

我上个月动手术了。　　Wǒ shànggeyuè dòng shǒushù le.
　　　　　　　　　　　　私は先月、手術をしました。

この文に関しては、日本語、中国語とも、ふたつの解釈ができます。

　①「私」は医者で、患者に手術をした。
　②「私」は患者で、手術を受けた。

①の場合、「私」はメスを入れた主体で、動作主です。
②の場合、「私」はまさに主題です。
実際に言っているのは、①と②のどちらであるかは、文脈で判断するしかありません。

「主題＋動詞文」は受身文ではないかと思う方もいらっしゃるのでしょう。この話は、184ページを参考にしてください。

中国語らしい発想をしよう 第 **3** 章

動詞文に主題をつけた形です。
上の段が主題、下の段が動詞文を表します。

| 誰・何 |

| 誰・何 | いつ | どこ・どのように | する・です | 誰・何 |

どこでも
副詞
誰/何 / いつ / どこ / どのように / **する です** / どのくらいの時間 何回 / どこ / 誰/何 / どんな / どれくらい

我　上个月　　　　　动　　　　　手术 了。

・这部电影我没看过。
　这部电影
　我　　　没　　　看过。

・电话我还没有打。
　电话
　我　还　没有　　打。

イメージ

上の段は、アリスが生活している世界です。アリスは穴から落ちて新しい世界に出会います。この、より小さな世界のルール（語順）は元の世界と同じです。この図は女王がいる世界を表しています。「左から右へ、改行、左から右へ」と読んでいきましょう。

練習問題

主題という発想 に慣れましょう

1. 下の日本語の意味になるように、正しい語順に直してください。

	副詞（どこでも）			する です				
誰/何	いつ	どこ	どのように		どのくらいの時間/何回	どこ	誰/何	どんな / どれくらい

1 很・本・内容・书・难・这

この本は内容が難しいです。

2 肚子・她・疼・今天

彼女は今日お腹が痛いです。

3 很・少・项目・这个・经费

このプロジェクトは予算が低いです。

4 没・电影・部・看过・这・我

この映画、私は見たことがありません。

5 会・道・做・我・不・题目・这

この問題は、私には解けません。

解答と解説

1 Zhè běn shū / nèiróng / hěn / nán.
这本书 / 内容 / 很 / 难。
　　何　　　　　何　　副詞　どんな

"书""本"は大きい主題、「難しい」のは"内容""内容"です。「この本はね、内容が難しいよ」という日本語文のニュアンスに似ていますよね。"这本书的内容很难。"とも言います。

2 Tā / jīntiān / dùzi / téng.
她 / 今天 / 肚子 / 疼。
　誰　　いつ　　　何　　どんな

"她""彼女"は大きい主題です。そして日本語と同じように「お腹が痛い」"肚子疼"という順に文を並べましょう。"她今天|肚子疼|"というイメージです。

3 Zhè ge xiàngmù / jīngfèi / hěn / shǎo.
这个项目 / 经费 / 很 / 少。
　　何　　　　　何　　副詞　どんな

"这个项目"「プロジェクト」は大きい主題です。日本語と同じように「予算が低い」という順で"经费很少"と書きましょう。"这个项目|经费很少|"というイメージです。"这个项目的经费很少。"とも言います。

4 Zhè bù diànyǐng / wǒ / méi / kànguo.
这部电影 / 我 / 没 / 看过。
　　何　　　　誰　　副詞　する

まず、"这部电影"というかたまりを作ります。"我没看过这部电影。"と"这部电影我没看过。"というふたつの言い方があります。前者は「私がどうなのか」を強調します。後者は"这部电影"が主題となり、「この映画はどうか」が強調されます。

5 Zhè dào tímù / wǒ / bú / huì / zuò.
这道题目 / 我 / 不 / 会 / 做。
　　何　　　　誰　　副詞　する　　する

"道"は問題を数える量詞です。"这道题目"というかたまりを作ります。解答の文は、"这道题目"「この問題はね」と相手の注意を「問題」に引き寄せ、それから"我"に関する内容を述べます。"我不会做这道题目。"とも言います。

2. 中国語に訳しましょう。

	どこでも								
	副詞			**する です**					
誰何	いつ	どこ	どのように		どのくらいの時間 何回	どこ	誰何	どんな	どれくらい

1 この店は北京ダックが有名です。

2 この歌は歌詞がいい。

　　Hint　歌の量詞は"首"。

3 ヤムチャは食べたことがない。

4 あのファイルは私が捨てました。

5 電話はまだかけていません。

解答と解説

1　Zhè jiā diàn / kǎoyā / hěn / yǒumíng.
这家店 / 烤鸭 / 很 / 有名。
　　何　　//　何　　副詞　どんな

店を数える量詞は"家"。日本語を見て、「この店の北京ダックは有名です」と組み立て直し、"这家店的烤鸭很有名。"と訳す人が多いのですが、これでは、文は正しくてもニュアンスが変わってしまいます。日本語と同じように、"这家店|烤鸭很有名|"というイメージで文を並べましょう。

2　Zhè shǒu gē / gēcí / hěn / hǎo.
这首歌 / 歌词 / 很 / 好。
　　何　　//　何　　副詞　どんな

「この歌は歌詞がいいです」は「この歌の歌詞がいいです」という文と違って、「歌詞はいいのですが、メロディーは？」といったニュアンスがあります。中国語も同じように"这首歌|歌词很好|"とイメージして並べましょう。

3　Gǎngshì diǎnxīn / wǒ / méi / chī / guo.
港式点心 / 我 / 没 / 吃 / 过。
　　何　　//　誰　副詞　する

「ヤムチャ」は「飲茶」の広東語発音から来ています。"港式点心"は「飲茶」のことで、「飲茶」を主題として提示し、「飲茶はね、私、食べたことがない」というイメージで並べます。

4　Nà fèn wénjiàn / wǒ / rēng / le.
那份文件 / 我 / 扔 / 了。
　　何　　//　誰　する

"那份文件|我扔了|"というように書きましょう。「あのファイル」は主題で、動作をするのは「私」です。もちろん"我扔了那份文件。"とも言いますが、これだと話のポイントが「ファイルはどうだ」ではなく、「私は何をした」になります。

5　Diànhuà / wǒ / hái méiyǒu / dǎ.
电话 / 我 / 还没有 / 打。
　何　//　誰　　副詞　　する

主題は「電話」、動作の主語は「私」です。「電話はね、私、まだかけていない」、つまり"电话|我还没有打|"というイメージです。「まだ」は"还"です。

3 話題の2回提示 —— 動詞の繰り返し

◆ 動詞の繰り返しとは？

第2章で「どのぐらいの時間」「何回」の位置を説明するとき、「他のパターンもある」と話しました。ここでまとめてみましょう。

她**说**汉语**说**了一个小时。　　Tā shuō Hànyǔ shuōle yí ge xiǎoshí.
　　　　　　　　　　　　　　　彼女は中国語を1時間話しました。

她**打**高尔夫球**打**过三次。　　Tā dǎ gāo'ěrfūqiú dǎguo sān cì.
　　　　　　　　　　　　　　　彼女はゴルフを3回したことがあります。

我**坐**飞机**坐**到北京。　　　　Wǒ zuò fēijī zuòdào Běijīng.
　　　　　　　　　　　　　　　私は飛行機で北京まで行きます。

她**说**汉语**说**得很好。　　　　Tā shuō Hànyǔ shuō de hěn hǎo.
　　　　　　　　　　　　　　　彼女は中国語を話すのが上手です。

どの文にも、同じ動詞が2回出てきましたね。これを「動詞の繰り返し」というのです。イラストでは、女王および後半の二段重ねの形で「動詞の繰り返し」を表しています。

◆ 大きい話題から小さい話題へ

「話は大きい話題から小さい話題へ進める」という発想を理解しましょう。たとえば、"说汉语"などは大きい話題、"说得很好"などは、具体的な小さい話題です。

どの文も、まず一般的な話、それから具体的に話すという順ですよね。

中国語らしい発想をしよう　第 3 章

動詞を繰り返すパターンです。
具体的な情報は 2 回目に出てくる動詞の後に置かれます。

| 誰・何 | いつ | どこ・どのように | する・です | 誰・何 |

| する・です | どのくらいの時間・何回 | 誰・何 |

　　　　　　　どこでも
　　　　　　　副詞
| 誰/何 | いつ | どこ | どのように | する です | どのくらいの時間/何回 | どこ | 誰/何 | どんな | どれくらい |

・她说汉语说了一个小时。
　她　　　　　　　　说　　　　　　　汉语
　　　　　　　　　　说了　一个小时。

・她打高尔夫球打过三次。
　她　　　　　　　　打　　　　　　　高尔夫球
　　　　　　　　　　打过　三次。

・她说汉语说得很好。
　她　　　　　　　　说　　　　　　　汉语
　　　　　　　　　　说得　　　　　　　　　很好。

> **イメージ**
>
> 女王（動詞）を 2 回繰り返します。
> 最初の女王（動詞）はまとめの話をして、次に出てくる女王（動詞）は詳しく話します。そのため、具体的な情報は 2 番目の女王の後に置きます。「左から右へ、改行、左から右へ」と読んでいきましょう。

具体例を見ていきましょう。

騎士1号　　どのくらいの時間

「どのくらいの時間」を表すには、ふたつの方法があります。
ひとつ目は第2章で説明した下記の形です。

| 他说了一个小时汉语。

ふたつ目は動詞の繰り返しの形です。

| 她说汉语说了一个小时。
Tā shuō Hànyǔ shuōle yí ge xiǎoshí.
彼は中国語を1時間話しました。

騎士2号　　何回

「何回」は「どのぐらいの時間」と語順の位置はほぼ同じです。

| 他打过三次高尔夫球。

| 她打高尔夫球打过三次。
Tā dǎ gāo'ěrfūqiú dǎguo sān cì.
彼女はゴルフを3回したことがあります。

帽子屋　　程度

程度を表す文には、次の3つの形があります。
ひとつ目は、主語を先に言う形です。

| 她的汉语说得很好。　　Tā de Hànyǔ shuō de hěn hǎo.

ふたつ目は、大きい主題（她）から小さい主題（汉语）へ話を進める形です。

| 她汉语说得很好。　　Tā Hànyǔ shuō de hěn hǎo.

中国語らしい発想をしよう　第3章

3つ目は、動詞の繰り返しの形です。

| 她说汉语说得很好。　　Tā shuō Hànyǔ shuō de hěn hǎo.
彼女は中国語を話すのが上手です。

チェシャ猫　**前置詞フレーズ**

前置詞フレーズが動詞の後ろに出てくる場合、目的語の居場所がなくなります。

× 我昨天看到3点书。

そのため、次のように言います。

| 我昨天看书看到3点。　　Wǒ zuótiān kànshū kàndào sān diǎn.
昨日3時まで本を読みました。

動詞の後に、方向、結果、可能などを示す言葉がつく場合も、次のように動詞の繰り返しの形で言います。

騎士3号　**方向**　他骑车骑回来了。
Tā qí chē qíhuílai le.
彼は自転車で戻ってきました。

騎士4号　**結果**　他看了一个小时看懂了。
Tā kànle yí ge xiǎoshí kàndǒng le.
1時間読んで、わかりました。

騎士5号　**可能**　我记单词记不住。
Wǒ jì dāncí jìbuzhù.
単語がおぼえられません。

151

動詞の繰り返しという発想 に慣れていきましょう。

1. 正しい語順に直してください。

```
          どこでも
         ┌─副詞─┐
誰/いつ/どこ/どのように/する/どのくらいの時間/どこ/誰/どんな/どれくらい
何                    です    何回              何
```

1 了・五年・去・他・中国・去
彼は5年間中国に行っていました。

2 说・说・很快・那个人・得・话
あの人は早口です。

3 开车・我・四个小时・开・昨天・了
私は昨日、4時間運転しました。

4 很漂亮・写・她・得・写字
彼女は字を書くのが上手です。

5 一个小时・等・了・我・你・等了
私はあなたを1時間も待ちました。

中国語らしい発想をしよう | 第 3 章

解答と解説

1
　　Tā　　qù　　Zhōngguó　　qù　　le　　wǔ nián.
　　他 / 去 / 中国 / 去 / 了 / 五年。
　　誰　　する　　どこ　//　する　　　　どのぐらいの時間

"他去中国"「中国に行く」と "去了五年"「5 年間滞在する」とのふたつの話題を提示します。"了" はふたつ目のの動詞 "去" の後につけるという点に注意してください（148 ページ）。

2
　　Nà ge rén　　shuō huà　　shuō de　　hěn　　kuài.
　　那个人 / 说话 / 说得 / 很 / 快。
　　　誰　　　　する　　//　する　　　副詞　どんな

「話す」"说话" と「話すのが速い」"说得很快" とのふたつの話題を提示します。"那个人话说得很快。" とも言います。

3
　　Wǒ　　zuótiān　　kāichē　　kāi　　le　　sì ge xiǎoshí.
　　我 / 昨天 / 开车 / 开 / 了 / 四个小时。
　　誰　　いつ　　　する　//　する　　　　　どのぐらいの時間

"开" がふたつあります。まず "开车"（運転する）で話題を提示し、それから "开了四个小时"（4 時間運転した）でより具体的に述べます。"了" は後半の動詞 "开" のあとにつけます。"我昨天开了四个小时车。" と言うこともできます。

4
　　Tā　　xiě zì　　xiě de　　hěn　　piàoliang.
　　她 / 写字 / 写得 / 很 / 漂亮。
　　誰　　する　//　する　　副詞　どんな

"写" はふたつあります。まず "写字"（字を書く）で話題を提示し、それから "写得很漂亮" でより具体的に述べます。"她的字写得很漂亮。" と言うこともできます。

5
　　Wǒ　　děng　　nǐ　　děng　　le　　yí ge xiǎoshí　　le.
　　我 / 等 / 你 / 等 / 了 / 一个小时 / 了。
　　誰　　する　　誰　//　する　　　　どのぐらいの時間

"等" がふたつあります。まず "等你"（あなたを待つ）で話題を提示し、それから "等了一个小时"（1 時間待った）でより具体的に述べます。"我等了你一个小时。" という言うこともできます。文末の "了" は、「一時間も」という時間の長さを強調しています（91 ページ）。

2. 中国語に訳しましょう。

| 誰/何 | いつ | どこ | どのように | する です | どのくらいの時間/何回 | どこ | 誰/何 | どんな | どれくらい |

（副詞：どこでも）

1 彼は、夜中の2時までゲームをしていました。

Hint 「ゲーム」は"游戏"。

2 彼女は中華料理を作るのが上手です。

3 昨日、デザートを食べ過ぎました。

Hint 「デザート」は"甜点"。

4 今朝、中国語のラジオを1時間聞きました。

Hint 「ラジオ」は"广播"。

5 私は電車で新宿まで行きます。

解答と解説

1
Tā / wán / yóuxì / wán / dào bànyè liǎngdiǎn.
他 / 玩 / 游戏 / 玩 / 到半夜两点。
誰　する　何　　する

この文の話題は「ゲームをする」と「夜中2時までする」のふたつあります。"他・到半夜两点・玩游戏"で、意味は「夜中の2時までゲームをする」です。そのため、"到半夜两点"を後ろに持っていきます。しかし"玩"の後に"游戏"と"到两点"を並べることができない(148ページ)ので、"玩游戏玩到两点"と表現します。

2
Tā / zuò / Zhōngguó cài / zuò de / hěn / hǎo.
她 / 做 / 中国菜 / 做得 / 很 / 好。
誰　する　何　　する　副詞　どんな

「作るのが上手」は、"做得很好"で、後ろに"中国菜"を置くことはできません。そのために、前に持っていきます。"她中国菜做得很好。"、"她的中国菜做得很好。"と、両方とも正解で、意味は同じです。

3
Zuótiān / chī / tiándiǎn / chī de / tài / duō / le.
昨天 / 吃 / 甜点 / 吃得 / 太 / 多 / 了。
いつ　する　何　　する　副詞　どんな

「食べ過ぎた」は"吃得太多了"で、後に"甜点"を置くことができません。そのため、甜点を前に持っていき、"甜点吃得太多了"や"吃甜点吃得太多了"と言います。

4
Wǒ / jīntiān zǎoshang / tīng / Zhōngwén guǎngbō / tīng / le / yí ge xiǎoshí.
我 / 今天早上 / 听 / 中文广播 / 听 / 了 / 一个小时。
誰　いつ　　する　何　　する　　どのぐらいの時間

"听中文广播"を話題として提示し、その後で、"听了一个小时"と具体的に述べていきます。この文は、"听了一个小时中文广播"としてもOKです。

5
Wǒ / zuò / diànchē / zuò / dào Xīnsù.
我 / 坐 / 电车 / 坐 / 到新宿。
誰　する　何　　する　どこ

「新宿まで行きます」を「新宿まで(電車に)乗る」と言い換えます。"坐到新宿"のあとに"电车"を置くことはできません。"坐电车"と"坐到新宿"を、動作の発生する順に並べましょう。

入れ子構造の中と外で、語順は変わらない

◆ 入れ子構造とは？

　入れ子構造とは、大きな箱の中に、小さな箱がある構造です。中にある小さな箱を「入れ子」と言います。
　日本語にも入れ子構造は存在します。たとえば、「彼が中国に行ってきたのを知っています」という文は、次のように理解できます。

| 私は | 彼が中国に行ってきたこと | を知っています。 |

　日本語では、「私は、彼が中国に行ってきたことを知っています」と「彼が中国に行ってきたことを、私は知っています」のどちらでも構いませんが、中国語は、基本的に次のように表現します。

| 我　知道 | 他去了中国。 |
| Wǒ zhīdao | tā qùle Zhōngguó. |

　入れ子構造で考えれば、"我知道～"は大きな箱です。"他去了中国"は「入れ子」です。
　語順という点から見れば、入れ子構造の外の部分も、中の部分も、語順がまったく同じです。しかも、日本語のように「の」や「こと」をつける必要もありません。
　このことも、アリスが別の世界に入ったたとえでイメージできますよね。次の絵を思い出してください。

| 誰・何 | する・です | 誰・何 |

中国語らしい発想をしよう　第**3**章

アリスはふたりいます。動詞より前のアリスも、動詞より後のアリスも、「入れ子」に変わることができます。

動詞より前のアリスを文に変える場合、入れ子を上の段に置きます。

每天在公园打太极拳是他的爱好。
Měi tiān zài gōngyuán dǎ tàijíquán shì tā de àihào.
毎日公園で太極拳をするのが彼の趣味です。

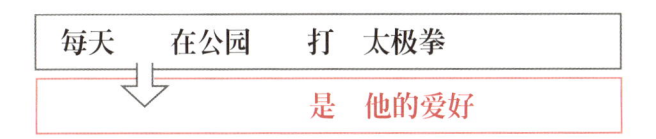

每天	在公园	打	太极拳
⇩	是	他的爱好	

動詞より後のアリスを文に変える場合、入れ子を下の段に置きます。

我想他以前不是老师。　Wǒ xiǎng tā yǐqián bú shì lǎoshī.
私は彼が以前教師ではなかったと思います。

我	想		
他	以前不	是	老师。

語順を覚えるコツは、まさに**「入れ子構造の中と外で、語順が変わらない」**です。

二段重ねで記せば、語順がおぼえやすくなるでしょう。

次のように読んでいきさえすれば、正しい中国語が話せるのです。

> 1段目を左から右へ読む
> 改行して
> 2段目を左から右へ読む

1 入れ子構造 ── 前の部分

◆ 前半が入れ子になる

イラストを見てください。下の段は入れ子構造の外の部分を表しています。上の段は中にある「入れ子」を表しています。

名詞文、形容詞文、動詞文のすべてが、この構造で説明できます。下の例では、「外の箱」を赤い文字で、「入れ子」を黒い文字で示しています。

每天跑一个小时步是我的爱好。 Měi tiān pǎo yí ge xiǎoshí bù shì wǒ de àihào.
毎日1時間走ることが、私の趣味です。

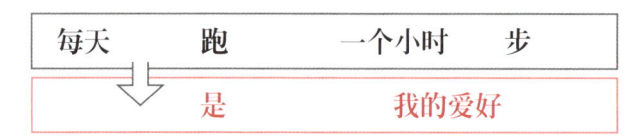

每天	跑	一个小时	步
	是	我的爱好	

买哪个好呢？ Mǎi nǎge hǎo ne ?
どれを買えばいいですか。

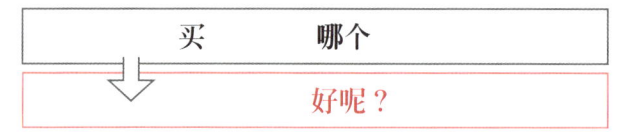

	买	哪个
		好呢？

坐飞机省时间。 Zuò fēijī shěng shíjiān.
飛行機で行くと、時間が節約できます。

	坐	飞机
	省	时间

文法上、このような文ではフレーズ（句）、つまりここで言う「入れ子」が文の主語となっています。

中国語らしい発想をしよう | 第 **3** 章

文の前半が入れ子になります。

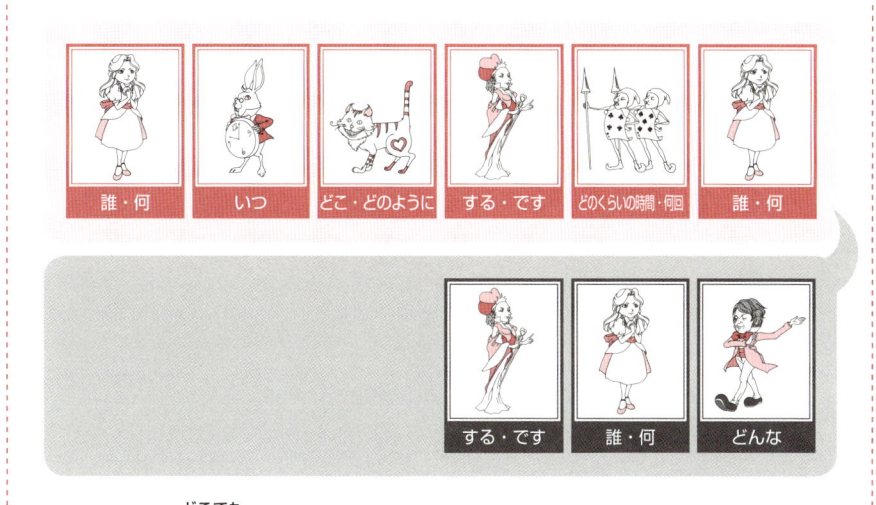

| 誰・何 | いつ | どこ・どのように | する・です | どのくらいの時間・何回 | 誰・何 |

| する・です | 誰・何 | どんな |

どこでも
副詞
誰／いつ／どこ／どのように　**する　です**　どのくらいの時間／どこ／誰／どんな／どれくらい
何　　　　　　　　　　　　　　　　　　何回　　　　　何

・买哪个好呢？

　　　　　　　　　　买　　　　　　哪个
　　　　　　　　　　　　　　　　　　　　好呢？

・每天跑一个小时步是我的爱好。
　　每天　　　　　跑　一个小时　　步
　　　　　　　　　是　　　　　　我的爱好。

イメージ

上の段は、小さな世界（入れ子）を表しています。この世界のルール（語順）は、下の段が表す外の世界とまったく同じです。「左から右へ、改行、左から右へ」と読んでいきましょう。

2 入れ子構造 —— 後ろの部分と能願動詞

◆ 後半が入れ子になる

　イラストを見てください。上の段は入れ子構造の外の部分を、下の段は中にある「入れ子」を表しています。
　「どんな」（形容詞）の後ろに「誰・何」はきませんから、この構造は下の例のように、①名詞文、②動詞文に限られます。下の例では、「外の箱」を赤い文字、「入れ子」を黒い文字で示しています。

① 我喜欢的是有时去海边散散步。
　　Wǒ xǐhuan de shì yǒushí qù hǎibiān sàn sànbù.
　　私が好きなのは、ときどきビーチに散歩に行くことです

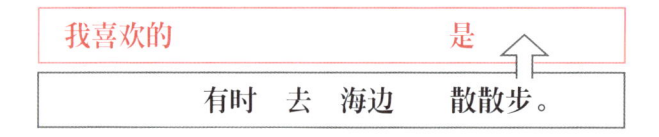

我喜欢的		是
有时	去 海边	散散步。

② 我不知道她什么时候回来。　Wǒ bù zhīdào tā shénme shíhou huílái.
　　　　　　　　　　　　　　　彼女がいつ帰ってくるのか知りません。

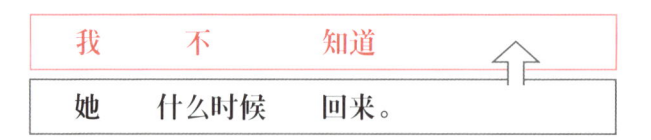

我	不	知道
她	什么时候	回来。

　①はわりと簡単です。②の場合、女王は一般動詞に限りません。能願動詞と呼ばれる動詞については、以下のように考えられます。
　能願動詞とは、"**想**"（～したい）、"**会**"（～できる）などの言葉です。普通、これらは助動詞と見なされています。ところが、語順という観点からすれば、一般動詞と助動詞は同じように見えます。そもそも、"想"という一字は一般動詞の「思う」、助動詞の「～したい」の両方の意味を兼ね備えています。では、細かく見ていきましょう。

中国語らしい発想をしよう | 第 **3** 章

文の後半が入れ子になります。

| 誰・何 | いつ | どこ・どのように | する・です |

| 誰・何 | いつ | どこ・どのように | する・です | | | 誰・何 |

```
          どこでも
            副詞
誰 / いつ / どこ / どのように    する   どのくらいの時間 / どこ / 誰 / どんな / どれくらい
何                              です        何回              何
```

・我不知道她什么时候回来。

　我　　　　不　　　　知道
　　她　什么时候　　　回来。

・我觉得今天很冷。

　我　　　　　　　　觉得
　　今天　　很　　　　　　　　　　　　　　　冷。

・你明天可以在家里工作。

　你　　明天　　　　可以
　　　　在家里　　　工作。

イメージ

下の段は、小さな世界（入れ子）を表しています。この世界のルール（語順）は、上の段が表す外の世界とまったく同じです。「左から右へ、改行、左から右へ」と読んでいきましょう。

◆ 動詞＋文

"告诉"、"觉得"、"知道"、"感到"、"懂" などの後には、文が続きます。

| 我<u>觉得</u>今天很冷。 | Wǒ juéde jīntiān hěn lěng.
今日はとても寒いと思います。 |

| 他不<u>懂</u>学好外语有多难。 | Tā bù dǒng xuéhǎo wàiyǔ yǒu duō nán.
外国語をマスターする大変さを彼は理解しません。 |

これは第1章で説明した「動詞＋文」の形の文ですね。
入れ子構造で文を考える方法を身につければ、次の文も簡単に理解できることでしょう。

| 我昨天<u>觉得</u>今天会很冷。 | Wǒ zuótiān juéde jīntiān huì hěn lěng.
昨日、私は、今日はとても寒いと思っていました。 |

◆ 能願動詞を使う文

能願動詞は4種類です。

願望	要、想
可能	会、能、可以
未来	会、要
その他	应该

これらは能願動詞として、次のように使います。

我要喝咖啡。　　　　　Wǒ yào hē kāfēi.
　　　　　　　　　　　　コーヒーが飲みたいです。

我会说汉语。　　　　　Wǒ huì shuō Hànyǔ.
　　　　　　　　　　　　中国語が話せます。

これらふたつの例文は、次のように言うこともできます。

我要咖啡。　　　　　　Wǒ yào kāfēi.
　　　　　　　　　　　　コーヒーが欲しいです。

我会汉语。　　　　　　Wǒ huì Hànyǔ.
　　　　　　　　　　　　中国語ができます。

　中国人の私はこう考えます。"要"、"会"の後に名詞がきても、文がきても同じで、"要"、"会"の根本的なイメージは変わっていません。
　入れ子構造で助動詞を考える方法を身につければ、次の文が簡単に理解できるはずです。

你明天可以在家里工作。　Nǐ míngtiān kěyǐ zài jiā li gōngzuò.
　　　　　　　　　　　　　明日、家で仕事をしてもいいですよ。

你	明天		可以
		在家里	工作

"想"、"要"を例として見てみましょう。"会"、"能"、"可以"は208ページで説明します。

想

"想"は普通、動詞、能願動詞と分けて考えられますが、入れ子構造という考えからすると、両者の違いを意識する必要はありません。

"想"の意味は「**思う**」「**考える**」です。

我想他不会知道。　　　Wǒ xiǎng tā bú huì zhīdào.
　　　　　　　　　　　彼は知らないと思います。

「考える人」と「後ろの文の主体」が同じであると、この"想"は「**～したい**」という気持ちを表します。

我想明天去北京。　　　Wǒ xiǎng míngtiān qù Běijīng.
　　　　　　　　　　　私は明日、北京に行きたいと思います。

もちろん、これは自分のことに限りません。

你想什么时候去？　　　Nǐ xiǎng shénme shíhou qù？
　　　　　　　　　　　あなたはいつ行きたいのですか。

意味的に近い語に"希望"があります。

你希望去哪里？　　　　Nǐ xīwàng qù nǎlǐ？
　　　　　　　　　　　あなたはどこに行きたいのですか。

"想"や"希望"の主語と、次にくる動詞の主語が同じである場合、意味はそれほど変わりませんが、両者が違う場合、意味はかなり違ってきます。

你希望他什么时候来？　Nǐ xīwàng tā shénme shíhou lái?
　　　　　　　　　　　彼にいつ来てほしいですか。

你想他什么时候来？　　Nǐ xiǎng tā shénme shíhou lái?
　　　　　　　　　　　彼はいつ来ると思いますか。

要

"要"という語はとてもわがままで、さまざまな場面で使われます。
"要"の意味は**「要る」「～がほしい」**です。

| 你要什么？　　Nǐ yào shénme？　何が欲しい？

後ろに動詞文がくると、下記のように「～したい」と訳されます。

| 你要吃什么？　　Nǐ yào chī shénme？　何が食べたいですか。

この"要"は、"想"と違って話し手の意志が入ることがあります。

| 你想学汉语吗？　「あなたが思う」　Nǐ xiǎng xué Hànyǔ ma？
|　　　　　　　　　　　　　　　　　　中国語を勉強したいですか。
| 你要学汉语吗？　「あなたが思う」　Nǐ yào xué Hànyǔ ma？
|　　　　　　　　　　　　　　　　　　中国語を勉強したいですか。
| 你要好好儿学汉语。「話し手が思う」　Nǐ yào hǎohāor xué Hànyǔ.
|　　　　　　　　　　　　　　　　　　中国語をちゃんと勉強しなさい。

この場合、"要"は「～しなさい」の意味に転じます。
　以上の"要"の主体は、「話題の中の人」または「話し手」です。いずれも主観的な視点からの用法ですが、ときには、客観的な視点に転じることもあります。

| 要下雨了。　　　Yào xiàyǔ le.
|　　　　　　　　もうすぐ雨になる。
| 我明天要去北京。Wǒ míngtiān yào qù Běijīng.
|　　　　　　　　明日、北京に行く予定です。

　"了"はすぐにも変化するという意味（89ページ）なので、"要～了"で「もうすぐ～する」という緊迫感を表しています。
　ところが、"我明天要去北京。"で使われる"要"は、自分の意志と関係なく、客観的に決まっていることを意味します。

練習問題

入れ子構造の文の語順 をマスターしましょう

1. 下の日本語の意味になるように、正しい語順に直してください。

| 誰/何 | いつ | どこ | どのように | する／です | どのくらいの時間／何回 | どこ | 誰／何 | どんな | どれくらい |

副詞（どこでも）

1 他・不知道・我・怎么・想

彼は、私がどう考えているかを知りません。

2 电话・我・在・他・打・听到

彼が電話しているのが聞こえました。

3 的・自由・我・是・我・做・这么

こうしたのは私の勝手です。

4 中国・我・公司・我们・往来・希望・和

我が社は中国と取引することを望んでいます

5 打算・在・北京・开・一家服装店・老板

ボスは北京で洋服屋さんを開くつもりです。

中国語らしい発想をしよう　第3章

解答と解説

1 Tā bù zhīdào wǒ zěnme xiǎng.
他 / 不 / 知道 / 我 / 怎么 / 想 。
誰　副詞　する　//　誰　どのように　する

「私の考え」を訳すには、ふたつの方法があります。ひとつ目は、名詞の"想法"を使って訳す方法、ふたつ目は、「どのように考えているか」と訳す方法です。ここでは、ふたつ目の方法を用いて考えます。「彼は〜を知らない」"他不知道〜"を入れ子の外の箱として考えましょう。

2 Wǒ tīngdào tā zài dǎ diànhuà.
我 / 听到 / 他 / 在 / 打 / 电话 。
誰　する　//　誰　する　何

入れ子で考えると、"我听到〜"は外の箱。聞こえた内容は中の箱に当たります。語順は変わらず、"我听到 {他在打电话}"というイメージです。

3 Wǒ zhème zuò shì wǒ de zìyóu.
我 / 这么 / 做 / 是 / 我的自由 。
誰　どのように　する　//　です　何

一見複雑そうに見えますが、落ち着いて考えましょう。入れ子で考えると、"是"があるので、外の箱は"A是B"（名詞文）です。AとBは中の箱にあたります。Aは"我这么做"、Bは"我的自由"です。

4 Wǒ xīwàng wǒmen gōngsī hé Zhōngguó wǎnglái.
我 / 希望 / 我们公司 / 和中国 / 往来 。
誰　する　//　何　どのように　する

"和〜"は「〜と」、往来は「付き合う、取引する」という意味です。"希望"（希望する）の内容は入れ子の中の箱にあたります。"我希望 {我们公司和中国往来}"というイメージです。考え方さえわかれば、長い文も楽に作れます。

5 Lǎobǎn dǎsuàn zài Běijīng kāi yì jiā fúzhuāng diàn.
老板 / 打算 / 在北京 / 开 / 一家服装店 。
誰　する　//　どこ　する　何

入れ子で考えると、"老板打算〜"「ボスが〜するつもりだ」は外の箱です。中の箱は「北京で洋服屋さんを出す」ことです。外も中も語順は変わりません。

練習問題

| 誰/何 | いつ | どこ | どのように | **する です** | どのくらいの時間/何回 | どこ | 誰/何 | どんな | どれくらい |

どこでも — 副詞

6 中国・我・去・想・非常
私はとても中国に行きたいと思っています。

7 应该・结婚・他・了・已经
彼はすでに結婚しているはずです。

8 到・六点・公司・必须・你・明天
あなたは、明日6時に会社に到着しなければなりません。

9 前・吃・手・要・洗・饭
食事の前に手を洗いなさい。

10 公司・要・我们・了・来・客户・明天
お客様が明日、我が社に来られます。

中国語らしい発想をしよう 第3章

\ 解答と解説 /

6 Wǒ fēicháng xiǎng qù Zhōngguó.
我 / 非常 / 想 / 去 / 中国 。
誰　　副詞　　する　　する　　どこ

入れ子で考えると、「私が〜したい」"我想〜"は外の箱。「中国に行く」"去中国"は中の箱です。問題は、副詞"非常"で、「とても中国に行く」ではなく、「とても〜したい」です。そのため"非常"は外の箱にかかり、"想"の前に置きます。

7 Tā yīnggāi yǐjīng jiéhūn le.
他 / 应该 / 已经 / 结婚 / 了 。
誰　　する　　副詞　　する

入れ子で考えると、「彼は〜のはずだ」"他应该〜"は外の箱、「結婚している」"結婚了"は中の箱です。「結婚している」は"在結婚"とは言わないので気をつけましょう。副詞"已经"（すでに）は「結婚している」にかかるので、中の箱に入ります。

8 Nǐ bìxū míngtiān liù diǎn dào gōngsī.
你 / 必须 / 明天六点 / 到 / 公司 。
誰　　副詞　　いつ　　　する　　どこ

"必须"（〜しなければならない）は副詞で、強調したい部分の前に置きます。"必须明天六点到公司"は「6時に」を強調しますが、"六点必须到公司"になると、6時には「別のところではなく、会社にいなければならない」というニュアンスです。

9 Chīfàn qián yào xǐ shǒu.
吃饭前 / 要 / 洗手 。
いつ　　する　　する

入れ子で考えると、「〜しなさい」"要〜"は外の箱、「手を洗う」"洗手"は中の箱です。"吃饭前"は「いつ」を表します。"要吃饭前洗手"は、「食事の後ではなく、前に手を洗いなさい」という意味になります。

10 Kèhù míngtiān yào lái wǒmen gōngsī le.
客户 / 明天 / 要 / 来 / 我们公司 / 了 。
誰　　いつ　　する　　する　　どこ

"要〜了"は近い将来に使う緊迫感を伴う表現です（165ページ）。将来発生することは"要"と"了"の間に入れます。

練習問題

2. 中国語に訳しましょう。

```
         どこでも
         副詞
誰  / いつ / どこ / どのように / する / どのくらいの時間 / どこ / 誰  / どんな / どれくらい
何                              です   何回              何
```

1 彼が校庭でテニスをしているところを見かけました。

Hint 「テニス」は"网球"、「テニスをする」は"打网球"。

2 どこで待ち合わせればいいですか。

Hint 「待ち合わせる」は"见面"。

3 母親は息子が有名大学に受かることを望んでいます。

Hint 「有名大学」は"名牌大学"。

4 彼は雨のときに出かけるのが好きではありません。

5 電話番号を彼女に教えるつもりはありません。

中国語らしい発想をしよう　第 **3** 章

\ 解答と解説 /

1　Wǒ / kànjiàn / tā / zài cāochǎng / dǎ / wǎngqiú.
我 / 看见 / 他 / 在操场 / 打 / 网球。
　誰　　　する　　　誰　　　どこ　　　する　　　何

まず「私が〜を見かけた」"我看见〜" という入れ子の外の箱の内容を書きます。それから中の箱の内容を「誰・どこ・する・何」の順番で書きましょう。"我在操场看见他在打网球。" という言うこともできます。

2　Wǒmen / zài nǎr / jiànmiàn / hǎo / ne?
我们 / 在哪儿 / 见面 / 好 / 呢?
　誰　　　どこ　　　する　　　　　どんな

入れ子の外の箱は「〜がいいですか」(形容詞文)、中の箱は「どこで待ち合わせる」です。形容詞文の場合、中の箱は前にあります (158 ページ) ので、先に書きましょう。"我们在哪儿见面 好" となります。疑問詞の哪儿があるので、"吗" ではなく、"呢" を使います (23 ページ)。

3　Māma / xīwàng / érzi / kǎoshàng / míngpái dàxué.
妈妈 / 希望 / 儿子 / 考上 / 名牌大学。
　誰　　　する　　　誰　　　する　　　何

「母が〜望んでいる」"妈妈希望〜" は外の箱、「息子が有名大学に受かる」は中の箱です。「〜に受かる」は "考上〜" です。ちなみに、「試験を受ける」は "考试" で、「HSK を受ける」のように具体的な試験名がある場合には "考HSK" と表現します。

4　Tā / bù / xǐhuan / zài xiàyǔ de shíhou / chūmén.
他 / 不 / 喜欢 / 在下雨的时候 / 出门。
　誰　副詞　する　　　　いつ　　　　　する

「〜が好きではない」の内容は、"喜欢〜" の後ろにきます。「雨のとき」のように、"在〜" は「どこ」だけではなく、「いつ」にも使いますが、"在" を省略して "下雨的时候" と言ってもかまいません。「出かける」は "出门" (ドアから出る) で、"出家" とは言いません。"出家" は「しゅっけ」です。

5　Wǒ / bù / xiǎng / gàosu / tā / diànhuà hàomǎ.
我 / 不 / 想 / 告诉 / 她 / 电话号码。
　誰　副詞　する　　する　　誰　　　何

「〜したくない」"我不想〜" の後に、入れ子の中の箱の内容を入れましょう。「教える」は中国語では "告诉" や "教" などを使います。"教" は「知識の伝授」の意味で、先生が学生に教えるときなどに使います。それに対して、"告诉" は「情報を伝える」という意味です。

練習問題

| 誰/何 | いつ | どこ | どのように | する です | どのくらいの時間/何回 | どこ | 誰/何 | どんな | どれくらい |

副詞 — どこでも

6 今日は電話をしないでください。

7 彼はもうホテルに着いたはずです。

8 彼には私の家に来てほしくない。

9 私は朝、出勤しなくてもいいんです。

10 彼は今日、会社に来るはずがない。

中国語らしい発想をしよう | 第3章

\ 解答と解説 /

6
Nǐ　jīntiān　bú　yào　dǎ　diànhuà.
你 / 今天 / 不 / 要 / 打 / 电话。
誰　いつ　副詞　する　　する　　何

「〜しないで」は"你不要〜"です。"今天不要打电话"は「今日、電話はかけないで」という意味です。"不要今天打电话"なら、「今日はしないで（明日なら大丈夫）」という意味になります。

7
Tā　yīnggāi　yǐjīng　dào　bīnguǎn　le.
他 / 应该 / 已经 / 到 / 宾馆 / 了。
誰　する　　　副詞　する　どこ

「〜はずだ」は"应该〜"です。これは入れ子の外の箱となります。中の箱は"到宾馆了"です。副詞の"已经"は「着いた」にかかるので、中の箱に入ります。

8
Wǒ　bù　xīwàng　tā　lái　wǒjiā.
我 / 不 / 希望 / 他 / 来 / 我家。
誰　副詞　する　　誰　する　どこ

「〜を望まない」は"不希望"です。"不想〜"（〜したくない）と間違えやすいので注意しましょう。これは入れ子の外の箱です。中の内容（彼が私の家に来る）は"希望"の後ろに置きましょう。

9
Wǒ　zǎoshang　bú yòng　shàngbān.
我 / 早上 / 不用 / 上班。
誰　いつ　　副詞　　する

「〜しなくてもいい」は"不用〜"です。「私は朝、〜しなくてもいい」は外の箱、「出勤する」"上班"は中の箱です。"不用"を"早上"の前に置くと、「朝は出勤しなくてもいい」という意味になります。

10
Tā　jīntiān　bú　huì　lái　gōngsī.
他 / 今天 / 不 / 会 / 来 / 公司。
誰　いつ　副詞　する　する　どこ

「〜はずがない」は"不会〜"です。「彼は今日、〜はずがない」は、"他今天不会〜"です。"他不会今天来公司。"なら、「今日は来ないだろう」というニュアンスになります。

第4章
構文はこう考えよう

副詞
誰・何
いつ
どこ
どのように
する・です
どのくらいの時間
何回
どこ
誰・何
どんな
どれくらい

方向　結果　可能　着、过、了

残りの構文でも中国語らしい発想が応用できるのね！

副詞
誰・何
いつ
どこ
どのように
する・です
どのくらいの時間
何回
どこ
誰・何
どんな
どれくらい

方向　結果　可能　着、过、了

◆ 最終章では、おもにどんなことをしますか？

次の構文は、その本質を理解したうえでおぼえましょう。

①使役文、②受身文、③"把"構文、④比較表現

最後は、可能表現をいくつか学びましょう。

◆ また、新しい語順の話をするのですか？

いいえ、新しい話はありません。すべてイラストで示された語順と、第３章で紹介した中国語らしい発想の応用です。たとえば、比較表現は、じつは形容詞文。"比～"を「～より」とおぼえて、形容詞を加えればOKです。

◆ 構文は、どうおぼえればいいですか？

"让"（させる）、"被"（～に～される）、"把"（～を）、"比"（～より）などのキーワードだけをおぼえましょう。本書で示した語順ルールにそって文中に入れればいいのです。

中国語のネイティブスピーカーは、構文を考えながら話していません。みなさんもいつか「構文なんて考える必要はないよ」と悟るのでしょう（笑）。

◆ なぜ、あらためて可能表現の話をするのですか？

可能表現には、複数の形があるからです。詳しくは本文で説明しましょう。

1 使役文

◆ 使役文とは？

使役文とは、「誰かが、誰かに、何かをさせる」ことを伝える文です。「させる」の意味をもつ字には、"请"、"让"、"叫"、"使" などがあります。

妈妈**叫**孩子十点前睡觉。　　Māma jiào háizi shí diǎn qián shuìjiào.
　　　　　　　　　　　　　　お母さんは子どもに10時前に寝なさいと言います。

上の使役文は、ふたつに分けて考えることができます。

① 妈妈　　　　　叫　　（孩子）　　母が子どもに命令する
② 孩子十点前　睡觉。　　　　　　　子どもが10時前に寝る。

①の"孩子"は目的語、②の"孩子"は主語にあたります。つまり、"孩子"はふたつの役を兼ねています。このような文を**兼語文**と言い、使役文は代表的な兼語文です。

◆ 使役文の語順の特徴

以上のように、文を①と②に分けると、語順の特徴がはっきりわかります。①、②ともに、これまで話してきた語順と同じです。

我**让**同事在上海买茶叶。　　Wǒ ràng tóngshì zài Shànghǎi mǎi cháyè.
　　　　　　　　　　　　　　同僚に上海で茶葉を買ってもらいます。

① 我　　　　　　　让
② 同事　　在上海　买　　　茶叶。

構文はこう考えよう | 第 **4** 章

使役文は途中で動作主が変わります。

誰・何　　　请・让・叫

誰・何 / いつ / どこ・どのように / する・です / 誰・何

```
         どこでも
   ┌──── 副詞 ────┐
誰 / いつ / どこ / どのように / する / どのくらいの時間 / どこ / 誰 / どんな / どれくらい
何                          です   何回           何
```

・妈妈叫孩子十点前睡觉。

| 妈妈 | | 叫 | |
| 孩子 十点前 | | 睡觉。| |

・我让同事在上海买茶叶。

| 我 | | 让 | |
| 同事 | 在上海 | 买 | 茶叶。|

イメージ

上の段は、女王が右のアリスに命令を出すこと、下の段は、アリスが命令を受けて実行することを表しています。「左から右へ、改行、左から右へ」と読んでいきましょう。上の段の右側のアリスは2回読みません。

177

◆ "请"、"让"、"叫" の違い

使役動詞の"请"、"让"、"叫"はそれぞれどう違うのでしょうか。

叫

"叫"の本来の意味は「叫ぶ」「言う」です。

| 田中，老师在**叫**你呢。 | Tiánzhōng, lǎoshī zài jiào nǐ ne.
田中さん、先生が呼んでいますよ。 |

"叫"という言葉が、「命令する」という意味を兼ねると、使役動詞になります。

| 老师**叫**你来一下。 | Lǎoshī jiào nǐ lái yíxià.
先生が「ちょっと来なさい」と言いました。 |

"叫"に「命令する」という意味がありますので、目上の人に使わないようにしてください。

让

"让"の元々の意味は「譲る」です。

| 我给他**让**了座。 | Wǒ gěi tā ràngle zuò.
彼に席を譲りました。 |

「譲る」が転じて、「させる」という意味も表します。

| 我**让**他坐下来。 | Wǒ ràng tā zuòxiàlai.
彼を座らせた。／彼に座ってもらった。 |

"让"は"叫"より丁寧で、命令的な色意味合いは薄れます。否定する場合は、"不让"や"没让"を使います。

小时候，妈妈不让我学钢琴。
Xiǎoshíhou, māma bú ràng wǒ xué gāngqín.
幼い頃、母親はピアノを学ばせてくれなかった。

小时候，妈妈没让我学钢琴。
Xiǎoshíhou, māma méi ràng wǒ xué gāngqín.
幼い頃、母親はピアノを学ばせなかった。

"不让"には、「自分がやりたかったけれども、習わせてもらえなかった」という気持ちが含まれますが、"没让"は単に「（母親が）習わせなかった」という事実を述べています。

请

"请"の本来の意味は「請（こ）う」です。
ですから、使役動詞としては、目上の人にも使える丁寧な表現となります。

我请他明天来家里。 Wǒ qǐng tā míngtiān lái jiā lǐ.
直訳：私は彼に「明日、家にくること」を請う。
→ 私は明日、彼を家に招待します。

みなさんがご存じの「〜してください」という意味の"请"と使役動詞の"请"は同じ意味です。次のように考えてください。

（我）请（您）等一下。 Qǐng děng yixia.

「私が、あなたに、『ちょっと待つということ』をしていただく」と理解すれば、「ちょっと待ってください」と同じ意味だということがわかるでしょう。

練習問題

使役文の語順 をマスターしましょう

1. 下の日本語の意味になるように、正しい語順にしましょう。

```
        ┌── どこでも ──┐
        └──  副詞  ──┘
誰 / いつ / どこ / どのように ║ する  ║ どのくらいの時間 / どこ / 誰 / どんな / どれくらい
何                          ║ です  ║ 何回              何
```

1 去・我・老板・中国・派・下个星期

上司が、私を来週中国に行かせます。

2 翻译・朋友・我・说明书・让・在家里

友だちは、私に家でマニュアルを翻訳するように頼みました。

3 让・参加・新人・公司・去・商店・培训・没

会社は新人を店舗研修に行かせなかった。

4 两斤・弟弟・买・妈妈・苹果・叫

お母さんは弟に、リンゴを1キロ買わせました。

5 在・客户・合同・我・签字・上・请

お客様に契約書にサインをしていただきます。

構文はこう考えよう | 第 **4** 章

\解答と解説/

1
Lǎobǎn / pài / wǒ / xià ge xīngqī / qù / Zhōngguó.
老板 / 派 / 我 / 下个星期 / 去 / 中国。
誰　　　する　　　誰　　　いつ　　　する　　どこ

"派"（派遣する）は使役動詞です。"老板＋派＋我去中国" まではすぐ書けるかもしれません。問題は "下个星期"（来週）の場所です。普通の語順どおり、"我" の後に並べましょう。

2
Péngyou / ràng / wǒ / zài jiāli / fānyi / shuōmíngshū.
朋友 / 让 / 我 / 在家里 / 翻译 / 说明书。
誰　　　する　　誰　　どこ　　　する　　何

"让"（させる）をみれば、"朋友＋让＋我翻译说明书" まではすぐに書けるかもしれません。問題は "在家里"（家で）の場所でしょう。もし「友だちが家で私に頼んだ」という意味を表す文なら、"在家里" は "朋友" の後に置きます。

3
Gōngsī méi / ràng / xīnrén / qù shāngdiàn / cānjiā / péixùn.
公司 没 / 让 / 新人 / 去商店 / 参加 / 培训。
誰　副詞　する　　誰　　どのように　する　　何

"让" があるので使役文です。否定の副詞 "没" は動詞の前に置きます。"新人" が「させられなかったこと」は、"去商店" と "参加培训" のふたつです。本文の説明にあるように、下の行に、時間順にそって連動文（30 ページ）を書きましょう。

4
Māma / jiào / dìdi / mǎi / liǎng jīn píngguǒ.
妈妈 / 叫 / 弟弟 / 买 / 两斤苹果。
誰　　　する　　誰　　する　　何

"两斤苹果" というかたまりを作り、残りの単語を使役文の語順で並べましょう。"一斤" は「500g」を指すので、"两斤" は「1kg」です。「1kg」はほかに "一千克"（1000g）や "一公斤" ということもできます。"一克" は「1g」です。"半斤" は "二百五十克"（250 グラム）です。

5
Wǒ / qǐng / kèhù / zài hétong shang / qiānzi.
我 / 请 / 客户 / 在合同上 / 签字。
誰　　する　　誰　　　どこ　　　　する

「～していただく」には "请" を使います。"在合同上"（契約書に）と "字" は動詞の後に同時に置くことができない（151 ページ）ので、"在合同上" を動詞 "签" の前に持っていきましょう。ちなみに、文書にサインをするときは "签字"、著名人がサインをするときは "签名" を使います。アイドルにサインをもらうようなことがあれば、"请给我签个名。" と言いましょう。

2. 中国語に訳しましょう。

```
        ┌──── どこでも ────┐
        │      副詞        │
┌───┬───┬───┬─────┬───┬────────┬───┬───┬────┬─────┐
│誰 │いつ│どこ│どのように│する│どのくらいの時間│どこ│誰 │どんな│どれくらい│
│何 │   │   │         │です│    何回      │   │何 │    │        │
└───┴───┴───┴─────┴───┴────────┴───┴───┴────┴─────┘
```

1 今度の土曜日に、友だちを家に招きたいと思います。

2 この件について説明させてください。

3 明日は早めに来るようにと上司に言われました。

4 父は私をひとりで雲南に行かせてくれません。

5 部長はお客様との打ち合わせに私を行かせなかった。

構文はこう考えよう | 第4章

\ 解答と解説 /

1 　Wǒ　/ xiǎng / jiào / péngyou(men) / zhè ge xīngqīliù / lái / wǒjiā.
　　我 / 想 / 叫 / 朋友(们) / 这个星期六 / 来 / 我家。
　　誰　　する　　する　　誰　　　　　いつ　　　　する　　どこ

「友だちを家に招く」を「友だちに家に来ることをさせる」と考えます。まず、"我想～"と入れ子の外の箱を書きましょう。入れ子の中の箱は使役文です。"朋友"の後は、普通の語順にそって並べましょう。"星期六"を文頭に持っていくこともできます。その場合、"星期六"は「土曜日は」のように、文の主題であると理解できます。

2 　Qǐng / ràng / wǒ / shuōmíng / yíxià / zhè jiàn shì.
　　请 / 让 / 我 / 说明 / 一下 / 这件事。
　　誰(省略)　する　　誰　　する　　　何回　　何

「～させていただく」は"请(您)让我～"と覚えましょう。"您"は省略できます。この表現は会議など正式の場で使えます。例："请让我做一下自我介绍。"（少し自己紹介をさせてください）。"一下"については 105 ページを見てください。

3 　Lǎobǎn / jiào / wǒ / míngtiān / zǎo yìdiǎnr / lái .
　　老板 / 叫 / 我 / 明天 / 早一点儿 / 来 。
　　誰　　する　　誰　　いつ　　　副詞　　　する

中国語では「させられた」のような「使役+受身」の表現はありません。「言われた」は「～が言った」と考え、"老板叫我～"と簡潔に訳せます。"我"の後は、普通の語順で並べましょう。

4 　Bàba / bú / ràng / wǒ / yí ge rén / qù / Yúnnán.
　　爸爸 / 不 / 让 / 我 / 一个人 / 去 / 云南。
　　誰　　副詞　する　　誰　　どのように　する　　どこ

まず"爸爸让我～"と考えましょう。"我"の後は普通の語順で並べます。「ひとりで」は"一个人"です。否定するには"让"の前に"不"を使います。

5 　Bùzhǎng / méi / ràng / wǒ / qù / jiàn / kèhù.
　　部长 / 没 / 让 / 我 / 去 / 见 / 客户。
　　誰　　副詞　　する　　誰　　する　　する　　誰

"不让"と"没让"のどちらを使うか迷ってしまいますよね。この文では「部長」が「お客様のところに行くように」と指示していないので、"没让"を使います。"不让"にするを用いると、命令する側の禁止の意思を表すため「お客様のところに行かせてくれません」というニュアンスになります。また、「お客様と打ち合せ」には"和客户见面"もよく使います。

2 受身文

◆ 受身文とは？

受身文は、通常「誰かが、誰かに、何かをされる」ことを伝える文と考えられます。受身文と聞くと、みなさんは、「能動文」に対しての「受身文」と思われるかもしれませんが、じつはそれほど簡単な問題ではありません。
次の例を見てみましょう。

| 他看了这本书。 | Tā kànle zhè běn shū.
彼はこの本を読みました。 |

| 这本书他看了。 | Zhè běn shū tā kàn le.
この本は、彼が読みました。 |

上の本は、「彼が」から話を進めているのに対して、下の文では、"这本书"（この本）から話を進めます。しかしこれは「受身文」ではなく、第3章で説明した「主題+動詞文」です。
ここで、受身文にひとつの定義を与えましょう。受身文とは、"被"などの言葉を使う文です。

| 这本书<u>被</u>他看了。 | Zhè běnshū bèi tā kàn le.
この本は彼に読まれました。 |

"被"という字を加えると、意味も少し変わります。「本当は読んでほしくないのだけれども、読まれてしまった」というニュアンスが含まれています。
事実を考えれば、能動文、「主題+文」の形の文、受身文は同じことを言っています。
また、話し手の視点では、「主題+文」の形の文と受身文は同じです。
「受身文」の特別なところは、「被害」、「迷惑」など、特別のニュアンスが入っていることです。

構文はこう考えよう | 第4章

「主題＋文」に"被"などを加えた文が受身文です。

誰・何

誰・何　　する・です　　どのくらいの時間・何回　　誰・何

副詞（どこでも）

誰/何 | いつ | どこ | どのように　　する です　　どのくらいの時間/何回 | どこ | 誰/何 | どんな | どれくらい

・这本书被他看了。
　这本书
　[被]他　　　　　　　　　看了。

・我的钱包被人偷走了。
　我的钱包
　[被]人　　　　　　　　　偷走了。

・我被人偷走了5万日元。
　我
　[被]人　　　　　　　　　偷走了　　　　　5万日元。

イメージ

主題をもつ文と同様、ふたりのアリスがいます。また、特別なニュアンスを伝えるために"被"を使います。通常、"被"のもつニュアンスは「迷惑」「不便」「被害」です。

◆ 受身文の語順の特徴

前ページで受身文は主題の文と似ていることを説明してきました。

这本书他看了。　　　　Zhè běn shū tā kàn le.
　　　　　　　　　　　この本は、彼が読みました。

这本书被他看了。　　　Zhè běn shū bèi tā kàn le.
　　　　　　　　　　　この本は彼に読まれました。

イラストは「主題＋文」と同じ形で示しています。下の段の最初の「誰・何」の前に"被"を加えるだけです。

複雑と思われる受身文も、「"被"の後の文は普通の語順にそう」というポイントがわかれば、自分で組み立てられますね。下記の例を見てください。

我的钱包被人偷走了。　　Wǒ de qiánbāo bèi rén tōuzǒu le.
　　　　　　　　　　　　私の財布は人に盗まれました。

＜下の段＞ 被人偷走了。

我被人偷走了5万日元。　Wǒ bèi rén tōuzǒule wǔwàn rìyuán.
　　　　　　　　　　　　5万円を人に盗まれました。

＜下の段＞ 被人偷走了5万日元。

我的书被他拿到家里去了。　Wǒ de shū bèi tā nádào jiā li qù le.
　　　　　　　　　　　　　[直訳] 私の本は、彼に家まで持っていかれました。

＜下の段＞ 被他拿到家里去了。

◆ "被"などの意味は？

最後の問題は、"被"に含まれているニュアンスについてです。たいていの場合、"被"には「迷惑や被害をこうむる」というニュアンスがあります。

> 我的自行车 被弟弟 骑走了。　Wǒ de zìxíngchē bèi dìdi qízǒu le.
> 私の自転車は弟に乗っていかれました。

この文から、「自転車が弟に乗っていかれると、自分が不便だ」という気持ちが伝わります。そうでなければ、"我的自行车弟弟骑走了。"と言いましょう。

一方で、「迷惑」という意味が加わると、困ることがあります。たとえば次の例です。

> 这本书被铃木先生翻译成日文。
> Zhè běn shū bèi Língmù xiānsheng fānyìchéng Rìwén.
> この本は鈴木さんによって日本語に訳されてしまった。

こういう場合、「迷惑」というニュアンスはどうすれば消せるのでしょうか。じつは、"被"の代わりに"由"という前置詞を使えばいいのです。

> 这本书由铃木先生翻译成日文。
> Zhè běn shū yóu Língmù xiānsheng fānyìchéng Rìwén.
> この本は鈴木さんによって日本語に訳されました。

ただし、「迷惑」や「被害」と関係がなくても"被"を使う例があります。さらに、自分が偉いというニュアンスを込めて"被"を使う例もあります。ケースバイケースで考えていきましょう。

> 他被选为班长。　Tā bèi xuǎnwéi bānzhǎng.
> 彼は学級委員に選ばれました。

> 电脑被我修好了。　Diànnǎo bèi wǒ xiūhǎo le.
> パソコンは私が直しました。

練習問題

受身文の語順 をマスターしましょう

1. 下の日本語の意味になるように、正しい語順に直しましょう。

```
                どこでも
                 副詞
誰 / いつ / どこ / どのように  する  どのくらいの時間 / どこ / 誰 / どんな / どれくらい
何                           です  何回                 何
```

1 弄丢・钥匙・我的・了・他・被

彼は私の鍵をなくしてしまいました。

2 删除・被・文件・我・了・那个

あのファイルは削除してしまいました。

3 炒鱿鱼・被・了・他・公司

彼は会社をクビになってしまいました。

4 日记・被・看・朋友・了・我的

日記を友だちに読まれてしまった。

5 表扬・老板・昨天・被・了・我

私は昨日ボスに褒められました。

解答と解説

1 Wǒ de yàoshi / bèi tā / nòngdiū / le.
我的钥匙 / 被他 / 弄丢 / 了。
　　何　　　　誰　　　する

主題の発想からすると、"我的钥匙他弄丢了。"となります。「鍵をなくされた」ことは「私」にとって「迷惑」なことなので、"他"の前に"被"を置きましょう。

2 Nàge wénjiàn / bèi wǒ / shānchú / le.
那个文件 / 被我 / 删除 / 了。
　　何　　　　誰　　　する

普通は"我删除了那个文件。"と言います。主題の発想では、"那个文件我删除了。"となりますが、「～してしまった」というニュアンスを表すため、"被"を置きましょう。

3 Tā / bèi gōngsī / chǎo yóuyú / le.
他 / 被公司 / 炒鱿鱼 / 了。
　誰　　　何　　　　する

"炒鱿鱼"は本来「イカを炒める」という意味です。昔、住み込みで仕事する人がクビになると、布団を丸めて店を出る様子が「炒められたイカ」に似ていたので、"炒鱿鱼"に「クビにする」という意味が生まれました。能動文なら"公司炒了他的鱿鱼"となります。

4 Wǒ de rìjì / bèi péngyou / kàn / le.
我的日记 / 被朋友 / 看 / 了。
　　何　　　　誰　　　する

主題の発想からすると、"我的日记朋友看了。"となります。「見られたくないのに、見られた」という気持ちを表すため、"被"を使います。

5 Wǒ / zuótiān / bèi lǎobǎn / biǎoyáng / le.
我 / 昨天 / 被老板 / 表扬 / 了。
　誰　　いつ　　　誰　　　する

"被"は「被害」だけでなく、「自慢」のニュアンスを表す場合にも使います。能動文なら"老板昨天表扬我了。"となります。ここでは、主題という発想から、"我"を文頭に出して、「これから私の話になりますよ」と、聞き手の注意を引いています。

2. 中国語に訳しましょう。

|誰/何|いつ|どこ|どのように|する／です|どのくらいの時間／何回|どこ|誰/何|どんな|どれくらい|

副詞：どこでも

1 妹は私が作った弁当を食べてしまいました。

Hint 「弁当」は"盒饭"。

2 鞄が電車のドアに挟まれてしまいました。

3 さっきの話が彼に聞かれてしまいました。

4 私は今朝、自転車にぶつけられてしまいました。

5 店のオーナーに騙されてしまいました。

解答と解説

1 Wǒ zuò de héfàn　bèi mèimei　chī　le.
我做的盒饭 / 被妹妹 / 吃 / 了。
　　何　　　　　誰　　する

まず「私が作った弁当」"我做的盒饭"というかたまりを作ります。お弁当は、"盒饭"の他、台湾からの"便当"という表現も広がっています。そのまま、"妹妹吃了"と言ってもいいのですが、「私にとって迷惑だな」というニュアンスを足すために、"妹妹"の前に"被"を使いましょう。

---

2 Bāo　bèi chēmén　jiázhù　le.
包 / 被车门 / 夹住 / 了。
何　　　何　　する

「はさむ」は"夹"ですが、この場合、よく結果を表す"住"を加え、"夹住"で動作の結果を表します。能動文は"车门夹住了包"です。迷惑のニュアンスを表すため、"被"を入れましょう。

---

3 Gāngcái de huà　bèi tā　tīngdào　le.
刚才的话 / 被他 / 听到 / 了。
　　何　　　誰　　する

「聞く」は"听"ですが、この場合は、「聞こえた」"听到"として理解します。同じような表現に"看到"や"闻到"などがあります。主題という発想からすれば、"刚才的话他听到了。"（さっきの話は彼に聞こえた）となります。「聞かれたくない」というニュアンスを表すために、"被"を入れましょう。

---

4 Wǒ　jīntiān zǎoshang　bèi zìxíngchē　zhuàng　le.
我 / 今天早上 / 被自行车 / 撞 / 了。
誰　　いつ　　　　何　　　する

「ぶつかる」には"撞"と"碰"のふたつの訳語があります。"撞"は強くぶつかって、けがや被害が発生する場合に用いますが、"碰"は比較的軽い言い方です。能動文では"今天早上自行车把我撞了。"となります。

---

5 Wǒ　bèi diàn li de lǎobǎn　piàn　le.
我 / 被店里的老板 / 骗 / 了。
誰　　　　誰　　　する

店のオーナーは"店里的老板"ですが、話し言葉では"店老板"とも言います。"老板"はもともと"boss"の意味で、地位の高い人を呼ぶときに"○○老板"というようにも使われます。「騙す」は"骗"、「詐欺師」や「嘘つき」は"骗子"です。「嘘だよ」や「冗談だよ」という場合は"骗你的"。能動文は"店里的老板骗了我。"となります。

1 "把"構文

◆ "把"構文とは？

"把"構文とは、文字どおり、"把"を使う構文です。"把"は"被"と同じく前置詞です。前置詞と言えば、チェシャ猫でした。チェシャ猫は背中に常に何かを載せていますよね。

| 弟弟 把我的蛋糕 吃了。　　Dìdi bǎ wǒ de dàngāo chī le.
弟が私のケーキを食べちゃった。

"把"の後ろに「私のケーキ」があります。"把"は、「食べる」の対象を示し、「〜を」と訳します。

それに対して、184ページで説明した"被"は動作の主体を示します。上の"把"の例文と下の"被"の例文とを比べてみましょう。

| 我的蛋糕 被弟弟 吃了。　　Wǒ de dàngāo bèi dìdi chīle.
ケーキは弟に食べられちゃった。

以上の説明から次のことがわかります。

"把"構文は、"把"を使って、目的語を動詞より前に出す文です。目的語以外の語順は変わりません。

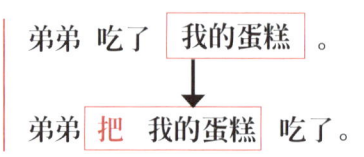

| 弟弟 吃了 　我的蛋糕　 。
| 弟弟 把　我的蛋糕　 吃了。

構文はこう考えよう | 第4章

"把"を使って、目的語を動詞より前に連れていくのが"把"構文です。

| 誰・何 | 把〜 | する・です | どのくらいの時間・何回 |

副詞（どこでも）

誰/何 / いつ / どこ / どのように | **するです** | どのくらいの時間/何回 / どこ / 誰/何 / どんな / どれくらい

| [请] | 把菜单 | 拿过来。 |

| 她 | 把我 | 忘了。 |

| 我 | 把钥匙 | 弄丢了。 |

| 弟弟 | 把我的蛋糕 | 吃了。 |

| [请] | 把样品 | 寄 | 给王总经理。 |

イメージ

"把"は特別なチェシャ猫です。このチェシャ猫は、アリスを女王の前に連れて行く能力があります。この場合、アリスは特定な人、モノでなければなりません。特に女王の後ろに騎士がいると、アリスはチェシャ猫と一緒に女王の前に行きたがります。

◆ "把"構文の語順の特徴

"把"構文は目的語の場所を変えただけで、文の基本の語順は変えていません。また、基本の語順にはすでにチェシャ猫が入っているので、"把"構文も同じ公式で表すことができます。

重要なのは、"把"の後の言葉には制限があることです。それは特定の「誰・何」でなければなりません。"把"の本来の意味は「つかむ」ですから、「特定なモノでないとつかめない」と考えましょう（特定と非特定の違いについては、72ページを参考にしてください）。

请把菜单拿过来。　　Qǐng bǎ càidān náguòlai.
　　　　　　　　　　メニューを持って来てください。

她把我忘了。　　　　Tā bǎ wǒ wàng le.
　　　　　　　　　　彼女は私のことを忘れました。

我把钥匙弄丢了。　　Wǒ bǎ yàoshi nòngdiū le.
　　　　　　　　　　鍵をなくしました。

◆ "把"構文をよく使うケース

では、どういう場合に、"把"を使う傾向があるのでしょう。

それは、特に動詞の後に、方向を示す言葉や前置詞フレーズなどがあるときです。この点は、第3章で紹介した動詞の繰り返しと似ています。

中国語の感覚からすると、目的語と以上の補語を動詞の後ろに並べると、なんとなく落ち着きません。目的語を前に出すと、スッキリするのです。

他把椅子拿出去了。　　　　　Tā bǎ yǐzi náchū qù le.
　　　　　　　　　　　　　　彼はいすを外に持って行きました。

请把样品寄给王总经理。　　　Qǐng bǎ yàngpǐn jìgěi Wáng zǒngjīnglǐ.
　　　　　　　　　　　　　　見本を王社長に郵送してください。

"把"はイラストでは動詞の前のチェシャ猫で表しています。

なお、練習問題の中では"把"の語順公式に占める位置について表記はしていません。

"拿来"と"拿去"

| 服务员，请把菜单拿过来。　　Fúwùyuán, qǐng bǎ càidān ná guòlái.
　　　　　　　　　　　　　　　すみません。メニューを持ってきてください。

　レストランで店員さんにこのように声をかけると、店員さんは次のように答えます。

| 好，马上拿来。　　　　　　　Hǎo, mǎshàng nálai.
　　　　　　　　　　　　　　　はい、すぐ持って参ります。

　"来"は「来る」、"去"は「行く」。日本語の感覚からすると、店員さんは、"拿去"（持って行く）というべきでしょう。"拿来"と"拿去"は逆になります。
　店員さんは、相手の立場に立って話すからです。
　「相手の立場になって話す」感覚は、日本語でもたまにありますね。たとえば、「ぼく、何歳？」と聞くのは、相手の立場に立った質問です。

　たとえば、あなたがホテルにいます。中国人が電話をかけてくるとき、次のように言います。この場合も、"去"と言わずに、"来"というのは、親しさがこめられていると受け止めてください。

| 明天八点来饭店。　　　　　　Míngtiān bā diǎn lái fàndiàn.
　　　　　　　　　　　　　　　明日、8時にホテルに伺います。

　中国語の場合、このような感覚で話すケースは、日本語よりはるかに多くなります。

練習問題

"把"構文の語順 をマスターしましょう

1. 下の日本語の意味になるように、正しい語順にしましょう。

	どこでも								
	副詞			する	どのくらいの時間		誰		
誰/何	いつ	どこ	どのように	です	何回	どこ	何	どんな	どれくらい

1 杯・了・那・我・喝・咖啡・把
私はあのコーヒーを飲みました。

2 我・飞机票・把・给他・没
私は航空券を彼に渡していません。

3 已经・文件・我・做・把・了・好
私はすでにファイルを作成しました。

4 开・把・请・窗户・打
窓を開けてください。

5 一下・我・把・给・看・请・护照
パスポートをちょっと見せてください。

解答と解説

1
Wǒ　　 bǎ nà bēi kāfēi　　 hē　　 le.
我 / 把那杯咖啡 / 喝 / 了。
誰　　　　　　　　　　　する

「あのコーヒー」は特定のモノなので、"把"を使うことができます。"把～"は動詞の前に置きます。"我喝了那杯咖啡。"とも言えますが、その場合は、「飲んだ」ことに注目しています。それに対して"我把那杯咖啡喝了。"は「コーヒーをどうした？」という点に注目しています。

2
Wǒ　 méi　 bǎ fēijīpiào　　 gěi　　 tā.
我 / 没 / 把飞机票 / 给 / 他。
誰　 副詞　　　　　　　　する　 誰

文脈から「航空券」は特定のモノだとわかるので、"把"を使って"把飞机票"を動詞の前に置くことができます。"我没给他飞机票。"と言うこともできます。

3
Wǒ　 yǐjīng　 bǎ wénjiàn　　 zuòhǎo　　 le.
我 / 已经 / 把文件 / 做好 / 了。
誰　 副詞　　　　　　　　　する

「ファイル」"文件"は特定のモノなので、"把"と一緒に動詞の前に置くことができます。「動詞＋"好"」には「できあがる」という意味があります。「動詞＋"完"」は単純に動作が終了したことを表し、"文件我已经做好了。"とほとんど同じ意味です。副詞の"已经"（すでに）は"把～"の前に置きます。

4
Qǐng　　 bǎ chuānghu　　 dǎkāi.
请 / 把窗户 / 打开 。
誰（省略）　　　　　　　する

"请打开窗户。"とも言います。「開ける」は"打开"、「閉める」は"关上"です。「電気をつける」も"打开"で、「消す」には"关上"を使います。例："请把灯打开。"Qǐng bǎ dēng dǎkāi.（電気をつけてください）。

5
Qǐng　 bǎ hùzhào　 gěi wǒ　　 kàn　　 yíxià.
请 / 把护照 / 给我 / 看 / 一下。
誰（省略）　　　　 どのように　する　　 何回

「～に見せる」は"给～看"です。"护照"（パスポート）は特定のモノなので、"把"を使うことができます。「動詞＋"一下"」は「ちょっと～する」という意味で、"给我看一下护照。"とも言います。"一下"を使う表現には他に、"听一下"（ちょっと聞く）、"尝一下"（ちょっと味見する）などがあります。

練習問題

2. 中国語に訳しましょう。

副詞（どこでも）				する です					
誰/何	いつ	どこ	どのように		どのくらいの時間/何回	どこ	誰/何	どんな	どれくらい

1 お母さんは服を洗ってくれました。

2 私はカウンターに荷物を預けました。

Hint 「荷物」は"行李"、「カウンター」は"柜台"。

3 私は所持金を使い切りました。

4 お客様が来られる前に机をきれいに拭いてください。

5 実家に写真を送りました。

構文はこう考えよう　第 **4** 章

解答と解説

1　Māma　bāng wǒ　bǎ yīfu　xǐ　le.
妈妈 / 帮我 / 把衣服 / 洗 / 了。
　　誰　　どのように　　　　する

ここでの「服」は話し手と聞き手が共通認識をもつ情報で、特定なモノです。"把衣服"を"洗"の前に置きましょう。"把"を使わない場合は"妈妈洗了衣服。"表現し、「洗った」に注目します。「〜してくれた」は、"帮我"や"给我"と訳し、"把〜"の前と後ろのどちらに置いてもかまいません。

2　Wǒ　bǎ xíngli　jìfàng　zài guìtái　le.
我 / 把行李 / 寄放 / 在柜台 / 了。
誰　　　　　する　　どこ

「〜（場所）に預ける」は"寄放在〜"です。「〜を預ける」は"寄放〜"です。"寄放"の後に"在柜台"と"行李"を同時に置くことはできません。そのため、"把行李"の形で目的語を前に出します。ちなみに、旅行の「荷物」は"行李"、普通の「物」には"东西"だけでもいいのです。

3　Wǒ　bǎ shēnshang de qián　yòngwán　le.
我 / 把身上的钱 / 用完 / 了。
誰　　　　　　　　　する

「所持金」には"身上的钱"と"带的钱"（持っているお金）の両方が使えます。「動詞＋"完"」は「〜し切る」の意味です。"我用完了身上的钱。"とも言えます。

4　Kèrén lái yǐqián　bǎ zhuōzi　cāgānjìng.
客人来以前 / 把桌子 / 擦干净。
　いつ　　　　　　　　する

ここでは、「いつ」を"〜以前"の形で表しています（34 ページ）。「きれいに拭く」は"擦干净"を使っています。"擦"は動作、"干净"は結果を表します。"擦桌子"（机を拭く）と"擦干净"（きれいに拭く）の両方を言う必要があるので、"把桌子"を動詞の前に出します。

5　Wǒ　bǎ zhàopiàn　jìdào　lǎojiā　le.
我 / 把照片 / 寄到 / 老家 / 了。
誰　　　　　する　　どこ

「〜（場所）に送る」は"寄到〜"、「〜（人）に送る」は"寄给〜"、「〜を送る」は"寄〜"です。"寄到老家"と"寄照片"は一緒に並べず、"把照片"を動詞"寄"の前に出します。

4　比較表現

◆ 比較表現とは？

　比較表現は、意味から考えれば、「誰・何」を他と比べたときにどうかということを伝える文です。形式的には、形容詞文の一種で、形容詞文に"比～"(～より) という前置詞フレーズを入れるだけです。

| 他　　比我　　大。　　Tā bǐ wǒ dà.
彼は私よりも年上だ。

　否定文には、"没有"を用います。

| 我　　没有　　他　　高。　　Wǒ méiyǒu tā gāo.
私は彼ほど背が高くありません。

◆ 比較表現の語順の特徴

　イラストでは比較表現を、形容詞文にチェシャ猫を入れる形で表しています。"比～"を「～より」と考えれば、日本語の語順と同じですね。

　問題は、年上だとわかった後に、「どれぐらい年上なのか」を知りたくなったときです。この「どれぐらい」は帽子屋の帽子にたとえましょう。この帽子はいつも帽子屋より後にあります。

構文はこう考えよう | 第4章

形容詞文に"比〜"が入っているものは比較表現です。

| 誰・何 | 比〜 | どんな | どれくらい |

	どこでも 副詞							
誰/何	いつ	どこ	どのように	する です	どのくらいの時間/何回	どこ	誰/何	どんな	どれくらい

| 他 | 比我 | | 大。 |

| 他 | 比我 | | 大 三岁。 |

| 今天 | 比昨天 | | 热 一点儿。 |

・**他跑得**比我快多了。

| 他 | | 跑得 | | |
| | 比我 | | 快 | 多了。 |

> **イメージ**
>
> "比〜"というチェシャ猫が入ってくると、形容詞文が比較表現となります。帽子屋が持つ帽子は「程度」を意味します。常に帽子屋の右にあることを忘れないでください。女王である「動詞」が登場すると、動作と動作が比較できます。その場合、女王と帽子屋の関係を取り持つ"得"を忘れないでください。

201

他	比我	大	三岁。	Tā bǐ wǒ dà sān suì.
彼は	私より		3歳年上だ。	

今天	比昨天	热	一点儿。	Jīntiān bǐ zuótiān rè yìdiǎnr.
今日は	昨日より		少し暑い。	

她	比以前	瘦	多了。	Tā bǐ yǐqián shòu duō le.
彼女は	以前より		かなりやせた。	

"三岁"、"一点儿"、"多了"は、「どれくらい」を表す「帽子」です。

◆ 副詞と比較表現

第1章で、「"比较"、"非常"、"真的"、"相当"、"特别"などの副詞は、形容詞文で大活躍する」と話しました。

また、形容詞文で比較の意味がない場合、副詞が必須です。比較するニュアンスがあれば、「たいていは副詞を使わない」と説明しました。

そのため、比較表現には、"比较"、"非常"、"真的"、"相当"、"特别"などの副詞を使いません。

✗ 今天比昨天非常热。

比較表現において、形容詞の前に使える副詞は、"更"(もっと)、"稍微"(すこし)、"还"(も) など、ごく少数です。

◆ 比較表現と程度

第2章の106ページで「程度」について説明したときに、「動詞＋"得"＋形容詞」の形を紹介しました。

| 他跑得很快。　　　　　　　Tā pǎo de hěn kuài.

この表現と比較表現と組み合わせれば、次のようになります。

| 他跑得<u>比</u>我快。　　　　　Tā pǎo de bǐ wǒ kuài.
　　　　　　　　　　　　　彼は走るのが私より速いです。

| 他<u>比</u>我跑得快。　　　　　Tā bǐ wǒ pǎo de kuài.
　　　　　　　　　　　　　彼は私より走るのが速いです。

さらに「どれぐらい」に「ずっと速い」を加えると、次のような形になります。

誰・何	する・です	比〜	どんな	どれくらい
他	跑得	比我	快	多了。
Tā	pǎode	bǐ wǒ	kuài	duō le.

この一文には、めったに合わないキャラクターがそろっていますね！

練習問題

比較表現の語順 をマスターしましょう

1. 下の日本語の意味になるように、正しい語順にしましょう。

| 誰/何 | いつ | どこ | どのように | **する です** | どのくらいの時間/何回 | どこ | 誰/何 | どんな | どれくらい |

どこでも＝副詞

1 他・中文・比・你・好
あなたの中国語は彼より上手です。

2 一样・爸爸・和・儿子・胖
息子はお父さんと同じぐらい太っています。

3 大・三岁・比・我・姐姐
お姉さんは私より3つ上です。

4 比・十分・高・分数・我・她
彼女は、点数が私より10点高い。

5 比・一点儿・火车票・贵・飞机票
航空券は列車のチケットより少し高い。

構文はこう考えよう | 第 4 章

解答と解説

1 Nǐ Zhōngwén bǐ tā hǎo.
你 / 中文 / 比他 / 好。
　誰　／／　何　　どのように　どんな

ここは、「中国語」"中文"を主題と見なし、「中国語はね、彼より上手よ」というニュアンスです。日本語は「あなた」を省略することが多いのですが、中国語では"你"をあまり省略しません。"你的中文比他的好"でも同じ意味を表します。

2 Érzi hé bàba yíyàng pàng.
儿子 / 和爸爸一样 / 胖。
　誰　　　どのように　　　どんな

「AとBは同じくらい〜」という同等比較のときは、「A"和"B"一样"＋形容詞」の形をとります。この場合、「お父さんと」は"和(跟)爸爸"、「同じ」は"一样"です。

3 Jiějie bǐ wǒ dà sān suì.
姐姐 / 比我 / 大 / 三岁。
　誰　　どのように　どんな　どれぐらい

この文は"姐姐大"(お姉さんが年上だ)という形容詞文の間に"比我"(私より)を挟むという形で考えましょう。「どれぐらい」を表す"三岁"(3歳)は形容詞の後ろに置きます。

4 Tā fēnshù bǐ wǒ gāo shí fēn.
她 / 分数 / 比我 / 高 / 十分。
　誰　／／　何　　どのように　どんな　どれぐらい

「彼女」という主題を述べてから「点数」の話をします。「点数」は"分数"です。具体的に何点であるかは"○分"で表します。ちなみに算数で使う「分数」も"分数"と言います。比較するときには、日本語と同じく比較される対象を統一する必要はなく、"分数比我高。"(点数は私より高い)と言うのが普通です。

5 Fēijīpiào bǐ huǒchēpiào guì yìdiǎnr.
飞机票 / 比火车票 / 贵 / 一点儿。
　何　　　どのように　　どんな　どれぐらい

「どれぐらい」を表す"一点儿"は形容詞の後につけましょう。「ちょっと」にあたる中国語はいくつかあります。「少しの量」は"一点儿"、「少しの時間」は"一会儿"です。例："我口渴了，想喝一点儿茶。"(喉が渇いたので、少しお茶を飲みたい)、"离登机还有半个小时，我想喝一会儿茶。"(搭乗にはまだ30分あるので、ちょっとお茶でも飲みたい)。

205

練習問題

2. 中国語に訳しましょう。

```
        どこでも
        ─副詞─
誰  / いつ / どこ / どのように │ する │ どのくらいの時間 / どこ / 誰 / どんな / どれくらい
何                            │ です │ 何回                    何
```

1 この（種類の）お茶はあのお茶よりもおいしい。

2 電子辞書は紙の辞書より何倍も高い。

Hint 「紙の辞書」は"纸质词典"。

3 母は私よりももっとパンダが好きです。

4 この本はあの本より面白い。

5 この携帯はあれよりもはるかに高い。

解答と解説

1 Zhè zhǒng chá / bǐ nà zhǒng chá / hǎohē.
这种茶 / 比那种茶 / 好喝。
　　何　　　　どのように　　　どんな

コップに入っているお茶は"这杯茶"と言いますが、種類に注目する場合は、量詞の"杯"を"种"に変えます。

2 Diànzǐ cídiǎn / bǐ zhǐzhì cídiǎn / guì / hǎo jǐ bèi.
电子词典 / 比纸质词典 / 贵 / 好几倍。
　　何　　　　どのように　　　どんな　どれぐらい

まず、「電子辞書は紙の辞書より高い」"电子词典比纸质贵"を組み立てましょう。「何倍」は"几倍"、「何倍も」は"好几倍"です。倍数を言うときは、"电子词典的价格是纸质的词典的两倍。"（電子辞書の値段は紙の辞書の2倍だ）と"电子词典比纸质的词典贵一倍。"（電子辞書は紙の辞書より倍高い）とふたつの言い方があります。"比～"を使うか"是"を使うか注意しましょう。"比～"は増加分を述べています。

3 Māma / bǐ wǒ / gèng / xǐhuan / xióngmāo.
妈妈 / 比我 / 更 / 喜欢 / 熊猫。
　誰　　どのように　副詞　　する　　　何

まず、「母はパンダが好きだ」"妈妈喜欢熊猫。"と書きます。そして"比我"（私より）と副詞"更"（さらに）を加えます。"更"は動詞の壁を越えられないので動詞の前に置きます。

4 Zhè běn shū / bǐ nà běn shū / yǒu yìsi.
这本书 / 比那本书 / 有意思。
　何　　　　どのように　　　どんな

「面白い」は"好玩"と"有意思"の両方が使えます。"好玩"は「遊んでからの気持ち」を表現することが多いです。例："过山车很好玩。"（ジェットコースターに乗ると面白いです）

5 Zhè bù shǒujī / bǐ nà bù / guì / de duō.
这部手机 / 比那部 / 贵 / 得多。
　何　　　　どのように　どんな　どれぐらい

携帯電話を数える量詞は"部"です。「はるかに～」を表す"～得多"は「どれぐらい」のことなので、形容詞の後ろに置きます。

5 可能表現

◆ 可能表現とは何か？

たとえば、ショウロンポーが食べたいとします。ショウロンポーを食べるためには、いくつかの条件をクリアしなければなりません。

お金がある / お腹がすいている / 時間がある / 食べ方がわかる
（スープが飛び出て失敗しない）

可能とは、「これらの条件をクリアできるよ」ということを伝える文です。つまり「～することができる」という場合には、条件を意識しているのです。

中国人は「できる / できない」の理由を細かく意識して、可能表現の使い分けをします。そのため、中国語の可能表現は、日本語よりはるかに多いのです。

◆ 主な可能表現、および理由

主な可能表現は、以下の3つです。

① "会"、"能"、"可以" などの能願動詞を使う
② 方向補語、結果補語の前に "得" や "不" を入れる
③ 可能補語を使う

では、ひとつずつ見ていきましょう。

① "会"、"能"、"可以" などの能願動詞を使う

能

"能" は、能力から許可されることまで、多くの条件に使えます。

我能一个人去北京。　　　Wǒ néng yī ge rén qù Běijīng.
　　　　　　　　　　　　私はひとりで北京に行くことができます。

这里不能照相。　　　　　Zhèli bù néng zhàoxiàng.
　　　　　　　　　　　　ここは、撮影禁止です。

会

英語では、"会"のことを、know how to do itで説明しています。"会"の使用範囲は"能"よりも狭いと言えます。まず「許可」には使えません。自身の能力を言う時も、脳の働きを強く意識して使います。

たとえば、「事故にあって運転できなくなった」という場合、さまざまな理由が想像できます。①免許が取られた、②事故で手足が怪我した、③脳が怪我したなど。どの理由においても、"他不能开车了。"と言えます。③の場合だけ、"他不会开车了。"とも言えます。

"会"で表現すると、より正確になりますので、③のような脳の働きにかかわる可能表現は、結局、"能"ではなく"会"をよく使います。

| 我会说汉语。 | Wǒ huì shuō Hànyǔ.
私は中国語が話せます。 |

| 他的孩子会走路了。 | Tā de háizi huì zǒulù le.
彼の子どもはもう歩けるようになりました。 |

"会"のもうひとつの特徴は、程度・量とは関係がないことです。

| 我能游一百米泳。 | Wǒ néng yóu yī bǎi mǐ yǒng.
私は100メートル泳ぐことができます。 |

上の例文では、「100メートル」という数量があるので、"会"を使いません。この点を理解するのに一番よいのは次の例です。

| 他很会吃。 | Tā hěn huì chī.
彼はグルメです。 |

| 他很能吃。 | Tā hěn néng chī.
彼は大食いです。 |

"很会～"は「～するのが上手」という意味です。脳の働きと関係あり、「量」とは関係ありません。それに対して"很能～"は「量」と関係あります。

可以

"可以"はおもに条件が整っているかどうか、または許可されているかどうかに重きを置いています。

我可以进来吗？　　Wǒ kěyǐ jìnlai ma ?
　　　　　　　　　入ってもいいですか。

明天 10 点我可以来。　Míngtiān shí diǎn wǒ kěyǐ lái.
　　　　　　　　　私は明日の10時に来られます。

②方向補語、結果補語の前に"得"、"不"を入れる。

151ページで「方向」（騎士3号）、「結果」（騎士4号）を示す言葉を紹介しました。たとえば、"回来"、"听懂"などがありましたね。

動詞と方向補語、結果補語の間に、"得"、"不"を入れると、「可能/不可能」を表すことができます。

今天回得来吗？　　Jīntiān huídelái ma ?
　　　　　　　　　今日は帰ってこられますか。

东西太重了，我拿不起来。　Dōngxi tài zhòng le, wǒ nábuqǐlai.
　　　　　　　　　荷物が大きすぎて、私は持ち上げられません。

你看得清楚那个字吗？　Nǐ kàn de qīngchu nàge zì ma ?
　　　　　　　　　あの字は、はっきり見えますか。

她说的话我听不懂。　Tā shuō de huà wǒ tīngbudǒng.
　　　　　　　　　彼女の話は、聞いてもわかりません。

③可能補語を使う。

ここでいう可能補語は、かならず「動詞＋"得/不"＋○」となっています。形は、②の表現と同じです。語順も同じです。

吃得起　　吃得下

吃不起　　吃不下

両者の違いは、"回来"、"听懂"という言い方はありますが、"吃起"という言い方のないところです。（②を「可能補語」という説明もあります）

可能補語の特徴は、かならず理由がありますが、字面ではわかりません。ひとつひとつ確認しておぼえるしかありません。

我吃得起小笼包。　Wǒ chīdeqǐ xiǎolǒngbāo。
　　　　　　　　　（お金があるから）ショウロンポーが食べられます。

我吃得下小笼包。　Wǒ chīdexià xiǎo lǒng bāo。
　　　　　　　　　（お腹が空いているから）ショウロンポーが食べられます。

◆ 日本語では可能とはならない表現

また、日本語では可能表現を使わないケースもよくあります。

今天肌肉酸痛，手举不起来。　Jīntiān jīròu suāntòng, shǒu jǔ bù qǐlái,
　　　　　　　　　　　　　　今日は筋肉痛で腕が上がらない。

「腕が上がらない」は、「（自分の意志で）手を上げない」のではなく、「（痛いから）上げることができない」ということです。"手不举起来"ではなく、"手举不起来"と訳しましょう。

飞机的窗户打不开。　Fēijī de chuānghu dǎbukāi.
　　　　　　　　　　飛行機の窓が開かない。

一个人也找得到。　Yí ge rén yě zhǎodedào.
　　　　　　　　　ひとりでも見つかりますよ。

可能表現は複雑ですが、イメージで捉える表現ですので、「イメージで中国語を捉えよう」という本書のコンセプトと一致しています。

最後まで読んでくださったみなさんは、きっと可能表現が好きになれることでしょう。

練習問題

可能表現の語順 をマスターしましょう

1. 下の日本語の意味になるように、正しい語順にしましょう。

| 誰/何 | いつ | どこ | どのように | **する です** | どのくらいの時間/何回 | どこ | 誰/何 | どんな | どれくらい |

副詞（どこでも）

1 不・法国菜・起・他・吃

彼は（お金がなくて）フランス料理が食べられません。

2 能・酒・开车・不・以后・喝

お酒を飲んだ後に運転をしてはいけません。

3 听・汉语・懂・我・不・一点儿也

私は中国語が少しも聞き取れません。

4 来・公司・你・吗・明天・能

明日、会社に来られますか。

5 会・东西・很・买・妈妈

お母さんは買い物上手です。

212

解答と解説

1 Tā / chībuqǐ / Fǎguó cài.
他 / 吃不起 / 法国菜。
誰   する   何

「動詞+"不起"」は「負担できないこと」を表します。この文は「お金がなくて、食べるための経済的な負担ができない」という意味です。"喝不起"や"买不起"などもよく使われます。肯定形は"吃得起"です。

2 Hējiǔ yǐhòu / bù / néng / kāichē.
喝酒以后 / 不 / 能 / 开车。
いつ   副詞 する する

まず"喝酒以后"という「いつ」を表すかたまりを作ります。この文を見て、"你"が必要ではないかと思う方も多いのですが、「お酒を飲んだ後に運転してはいけない」ことは、すべての人に対して言えることなので、"你"をつけません。"能"と"会"の違いは 209 ページを参照してください。

3 Wǒ / yìdiǎnr yě / tīngbudǒng / Hànyǔ.
我 / 一点儿也 / 听不懂 / 汉语。
誰   副詞   する   何

"听+懂"は「動詞+結果(補語)」です。間に「不」を入れると「聞いてわからない」という不可能表現になります。肯定形は"听得懂"です。「中国語を少し聞き取れる」は"听得懂一点儿中文"と言いますが、「少しも聞き取れない」という場合、「も」にあたる副詞"也"を入れたため、"一点儿也"を動詞の前に出します(52ページ)。

4 Nǐ / míngtiān / néng / lái / gōngsī ma?
你 / 明天 / 能 / 来 / 公司 吗?
誰   いつ   する する   どこ

"你能~吗?"は第 3 章で説明した入れ子の外の箱です。中の箱に具体的な内容を入れます。"你明天能来公司吗?"と尋ねているのは、「明日、来られますか」です。"你能明天来公司吗?"になると、「今日ではなく、明日に来てもらえますか」ということです。微妙に違います。

5 Māma / hěn / huì / mǎi / dōngxi.
妈妈 / 很 / 会 / 买 / 东西。
誰   副詞 する   する   何

"很会"は「~するのが上手」という意味です。一方、"很能"は動作の程度や量、実行回数の多さなどを表す表現です。例:"妈妈很能买东西。"(お母さんはよく買い物をします)

練習問題

2. 中国語に訳しましょう。

| 誰/何 | いつ | どこ | どのように | する です | どのくらいの時間/何回 | どこ | 誰/何 | どんな | どれくらい |

副詞 — どこでも

1 彼は、お酒は飲めますが、今日は飲めません。

2 父はタバコを吸いますが、会社では吸えません。

3 彼の奥さんは料理上手で、息子は大食漢です。

4 子どもはこの薬を飲んではいけません。

5 彼の子どもはまだ歩けません。

解答と解説

1 Tā huì hē jiǔ, dànshì jīntiān bù néng hē jiǔ.
他 / 会 / 喝 / 酒，但是 / 今天 / 不 / 能 / 喝 / 酒。
誰　する　する　何　　　　いつ　副詞　する　する　何

問題のポイントは、"会"と"能"の使い分けです。"会"は「習得する能力」を指していますが、中国人は"お酒を飲むこと"も生まれつきではなく、トレーニングする必要があると考えています。そのため、前の文は"会"を使います。後ろの文は動作実現条件が整っているかどうかを表すため、"能"を使います。否定形は"不能"です。

2 Bàba huì chōu yān, dànshì gōngsī li bù néng chōu yān.
爸爸 / 会 / 抽烟，但是 / 公司里 / 不 / 能 / 抽烟。
誰　する　する　　　　どこ　副詞　する　する

タバコはお酒と同じで練習すれば吸えるものと考えられています。そのため、前半の「できる」には"会"を使います。後半の「できない」では、会社が許可していないので、"不能"を使います。

3 Tā de tàitai hěn huì shāo fàn, érzi hěn néng chī.
他的太太 / 很 / 会 / 烧饭，儿子 / 很 / 能 / 吃。
誰　　　副詞　する　する　　誰　副詞　する　する

"很会"は「～するのが上手」という意味です。それに対して"很能"は動作の程度を表す表現です。ここの"很能吃"は「大食漢」の意味です。似た表現に、"很能喝(お酒に強い)"、"很能睡（よく寝る）"などがあります。

4 Xiǎoháizi bù néng chī zhège yào.
小孩子 / 不 / 能 / 吃 / 这个药。
誰　副詞　する　する　何

「してはいけない」は「許可しない」という意味なので、"不能"または"不可以"を使います。"不能"、"不可以"の後に詳しい内容"吃这种药"を続けます。

5 Tā de háizi hái bú huì zǒu lù.
他的孩子 / 还 / 不 / 会 / 走路。
誰　　　副詞　副詞　する　する

"走路"は練習して体得することです。できない場合は"不会"です。副詞"还"（まだ）は"不会"の前に置きます。

ランダム確認問題 100

1〜100の日本語を中国語に訳してみましょう。すべて一度、練習問題で解いた問題です。できなかったところは、右に書かれたページに戻って解説を読み、しっかり理解しておきましょう。

番号	問題	ページ
1	もう一度言ってください。	120
2	今年の夏はとても暑い。	38
3	家は駅から遠い。	50
4	窓を開けてください。	196
5	私は電車で新宿まで行きます。	154
6	どこに住んでいますか。	120
7	今、3階に何人いますか。	80
8	食事の前に手を洗いなさい。	168
9	彼は会社員になりました。	38
10	この件について説明させてください。	182
11	電話はまだかけていません。	146
12	実家に写真を送りました。	198
13	私が入社したのは5年前です。	66
14	あなたの中国語は彼より上手です。	204
15	昔、ゴルフをしたことはありますか。	92

216

番号	問題	ページ
16	私はあなたを1時間も待ちました。	152
17	この服はわりに高い。	38
18	日記を友だちに読まれてしまった。	188
19	あの人は早口です。	152
20	私はまだスマートフォンを買っていません。	66
21	彼女は字を書くのが上手です。	152
22	私は航空券を彼に渡していません。	196
23	昨日の会議は長かった。	36
24	この本はあの本より面白い。	206
25	あの報告書はまだ課長のところにあります。	78
26	この本は内容が難しいです。	144
27	彼女は中華料理を作るのが上手です。	154
28	私は海外ではあまり和食を食べません。	64
29	お酒を飲んだ後に運転をしてはいけません。	212
30	父は今週3日間残業しました。	94
31	昨日、デザートを食べ過ぎました。	154
32	娘さんは何歳ですか。	40

番号	問題	ページ
33	今月の20日は何曜日ですか。	40
34	彼は、私がどう考えているかを知りません。	166
35	この問題は、私には解けません。	144
36	この店の料理はおいしい。	40
37	私は明日、東京駅に行って新幹線に乗ります。	50
38	この店は北京ダックが有名です。	146
39	今度の土曜日に、友だちを家に招きたいと思います。	182
40	中国語はあまり難しくない。	60
41	私は昨日ボスに褒められました。	188
42	彼はすでに結婚しているはずです。	168
43	この本を買ったのは私です。	62
44	彼女の話がはっきり聞こえませんでした。	134
45	明日、会社に来られますか。	212
46	彼女のご主人はとても格好いい。	40
47	彼は晩ご飯の後、横になってテレビを見ます。	92
48	父は私をひとりで雲南に行かせてくれません。	182
49	彼女は今日も会社に来ていません。	62

ランダム確認問題 100

番号	問題	ページ
50	あのファイルは私が捨てました。	146
51	この問題は比較的簡単です。	42
52	今週の土曜日には飛行機で北京に行きます。	50
53	さっきの話が彼に聞かれてしまいました。	190
54	お母さんは買い物上手です。	212
55	息子はあまり野菜を食べない。	42
56	お客様が来られる前に机をきれいに拭いてください。	198
57	週末、彼は会社で仕事をします。	50
58	明日は朝一番でクライアントと一緒に空港に行きます。	48
59	この映画、私は見たことがありません。	144
60	私は今日地下鉄で来たのです。	62
61	私が中国語を勉強したのは日本でです。	66
62	さっき駅で元カレを見かけました。	134
63	私はとても中国に行きたいと思っています。	168
64	彼らはよくカフェでおしゃべりします。	92
65	電子辞書は紙の辞書より何倍も高い。	206
66	私は彼と一緒に食事をしたことがあります。	114

番号	問題	ページ
67	先月、彼女はこの店で食事をしたことがあります。	94
68	上司は今日、とても不機嫌です。	60
69	私はカウンターに荷物を預けました。	198
70	子どもはこの薬を飲んではいけません。	214
71	財布は部屋にあります。今、お金を持っていません。	80
72	クライアントは明日の朝8時に会社に来ます。	36
73	あのファイルは削除してしまいました。	188
74	私たちが知り合ったのは10年前です。	66
75	私が話した日本語を、彼は聞き取れなかった。	132
76	彼の子どもはまだ歩けません。	214
77	電話番号を彼女に教えるつもりはありません。	170
78	航空券は新幹線のチケットより少し高い。	204
79	彼女は毎日、晩ご飯の後に1時間ジョギングします。	114
80	彼は毎日起きるのが遅いのですが、昨日は早く起きました。	120
81	社長はあさっての昼、ホテルでクライアントとを食事をします。	48
82	夜11時以降、オフィスビルには人がいません。	78
83	私と王さんはどちらも車を持っていません。	62

番号	問題	ページ
84	昨日、私たちは立ってコンサートを見ました。	94
85	帰国後、彼は太ってしまいました。	42
86	私は毎週日曜日の午後に体育館でテニスをします。	48
87	私は中国語が少しも聞き取れません。	212
88	彼が電話しているのが聞こえました。	166
89	彼は、私に帰国する時間を教えてくれなかった。	80
90	母親は息子が有名大学に受かることを望んでいます。	170
91	私は昨日、ビールを少ししか飲んでいません。	62
92	彼女はバレンタインデーに恋人にチョコレートを作ってあげます。	48
93	パスポートをちょっと見せてください。	196
94	彼はいつもコーヒーショップで小説を書きます。	66
95	私は昨夜、友だちの家でひと晩中ゲームをしていました。	114
96	あなたは、明日6時に会社に到着しなければなりません。	168
97	彼は、夜中の2時までゲームをしていました。	154
98	彼は、お酒は飲めますが、今日は飲めません。	214
99	彼は雨のときに出かけるのが好きではありません。	170
100	明日は早めに来るようにと上司に言われました。	182

林　松涛（リン・ショウトウ）

上海・復旦大学で物理、同大学院で哲学を学び、1995年に来日。東京大学大学院で思想史を研究、博士課程修了。現在、中国語教室・翻訳工房「語林（http://go-lin.com）」を経営するほか、拓殖大学で教鞭をとっている。書籍・論文・ビジネス文書の翻訳多数。著書に、『ビジネスメールの中国語』（三修社）、『つながる中国語文法』（ディスカヴァー・トゥエンティワン）、『ラクラク突破中国語検定4級 語林式 [筆記]10日間超速マスター』『ラクラク突破 中国語検定3級語林式 [筆記]10日間超速マスター』（ともにエクスナレッジ）、『決定版！中国語学習ガイドブック』（共著、コスモピア）、『マップ式中国語単語記憶術』（講談社）がある。

王　怡韡（オウ・イイ）

上海生まれ。首都大学東京大学院日本語教育学研究科修士課程修了、現在同大学院博士課程に在学中。研究テーマは日中言語対照。上海では、日本人駐在員に中国語を教え、現在、中国語教室・翻訳工房「語林」で講師として教えるほか、翻訳業務にも従事。『ビジネスメールの中国語』（林松涛著　三修社）の編集に参加。日本の漫画やアニメに熱中し、大の日本好き。趣味は旅行、音楽、お菓子作り。

シンプル公式で
中国語の語順を制す

2013年4月20日　第1版第1刷発行
2019年5月31日　第1版第3刷発行

監修・著：林　松涛
著：王　怡韡

校正：林屋啓子（WEDIA）

編集協力：劉　洋、佐野悠介

AD：松本田鶴子

表紙カバー・本文イラスト：kaine

発行人：坂本由子
発行所：コスモピア株式会社
　　〒151-0053　東京都渋谷区代々木4-36-4　MCビル2F
営業部：TEL: 03-5302-8378 email: mas@cosmopier.com
編集部：TEL: 03-5302-8379 email: editorial@cosmopier.com
http://www.cosmopier.com/
https://e-st.cosmopier.com/
https://www.e-ehonclub.com/
印刷：シナノ印刷株式会社

© 2013　林　松涛、王　怡韡

出版案内

決定版！中国語学習ガイドブック
入門から中級レベルの学習者必読

林松涛、相原茂、古川裕、陳淑梅、楊達、西井和弥、三潴正道、古川典代、胡興智という中国語指導のスペシャリスト9名がアドバイスします。はじめて中国語を学ぶときに大切なこと、初心者・中級者のそれぞれの壁の乗り越え方、スキル別学習法、デジタルツールの活用法、3大検定試験の過去問まで収録しています。

コスモピア編集部 編
B5サイズ書籍141ページ
定価1,470円（本体1,400円＋税）

【収録内容】
［Part 1］座談会：入門〜初級まで
　　　　　効果的な中国語学習の進め方
［Part 2］スキル別学習法
　　　　　発音／語順／語彙／リスニング／書き言葉
［Part 3］安上がり＆お手軽学習情報
［Part 4］中国語の実力を測る3大試験
・HSK［級別］単語5000語リスト

●巻頭座談会ではベテランの先生方が大いに語ります

中国語1000本ノック〈超入門〉
発音の基礎のキソを大特訓！

CDから流れてきた音をそっくり真似して発音したり、CDの中国語を即座に日本語に訳して声に出したり、耳と口を休みなく使って、リズミカルに話し続けるトレーニングが1000本ノック。最初が肝心の発音ノックは怒涛の407本。続けて基本のあいさつ、数字や年月日や量詞の練習、簡単な文を作る文法へと進みます。

監修：相原 茂
著者：張 暉
A5サイズ書籍160ページ＋
CD-ROM（MP3音声160分）
定価1,890円（本体1,800円＋税）

【収録内容】
［Part 1］発音入門
　　　　　・四声、短母音ノック×75本
　　　　　・複母音、子音ノック×186本
　　　　　・-n、-ngを伴う母音ノック×146本
［Part 2］あいさつノック×57本
［Part 3］数字の表現ノック×262本
［Part 4］文法の基本ノック×274本

●CDの模範音声をそっくり真似するオウム返しからスタート

中国語1000本ノック〈入門編〉
文法と会話の基礎をマスター！

はじめに四声からすべての音節までの発音をおさらいし、数字や時間の準備体操をして、いよいよ会話に入ります。日常会話はもちろん、旅行やビジネスでも使える実践的な単語やフレーズを盛り込んだ例文で、リアルなレッスンができます。疑問文、二重目的語文、連動文と進み、3往復までの会話にチャレンジ。

監修：相原 茂
著者：張 暉
A5サイズ書籍174ページ＋
CD-ROM（MP3音声200分）
定価1,890円（本体1,800円＋税）

【収録内容】
［Part 1］発音おさらいノック×138本
［Part 2］準備体操ノック×142本
［Part 3］文法スタート
　　　　　・動詞述語文ノック×178本
　　　　　・疑問詞疑問文ノック×162本
　　　　　・形容詞述語文ノック×106本
　　　　　・その他のノック×274本

●CDを相手にAさん、Bさんの役割をロールプレイ

全国の書店で発売中！　　www.cosmopier.com

本書のご意見・ご感想をお聞かせください!

本書をお買い上げいただき誠にありがとうございます。
今後の出版の参考にさせていただきたいので、ぜひ、ご意見・ご感想をお聞かせください(PCまたはスマートフォンで下記のアンケートフォームよりお願いいたします)。

アンケートにご協力いただいた方のなかから抽選で毎月 10 名の方に、コスモピア・オンラインショップ(https://www.cosmopier.net/shop/)でお使いいただける 500 円分のクーポンを差し上げます。
(当選メールをもって発表にかえさせていただきます)

アンケートフォーム
https://forms.gle/NqEFaZvp2sfebPzm7

コスモピア・サポート

無料

いますぐご登録ください!

「コスモピア・サポート」は大切なCDを補償します

使っている途中でキズがついたり、何らかの原因で再生できなくなった CD を、コスモピアは無料で補償いたします。
一度ご登録いただければ、今後ご購入いただく弊社出版物の CD にも適用されます。

登録申込方法

PC またはスマートフォンで下記の入力フォームよりご登録をお願いいたします。
(郵送での登録をご希望の場合はハガキにお名前・ご住所・電話番号・E-mail・性別・生年月日・購入した本の題名を記入し下記住所「コスモピア・サポート係」までお送りください)
入力フォーム:https://goo.gl/forms/sQZzT3Dc0mRemjg02

補償内容

「コスモピア・サポート」に登録後、使用中の CD にキズ・割れなどによる再生不良が発生した場合、理由の如何にかかわらず新しい CD と交換いたします(書籍本体は対象外です)。

交換方法

1. 交換を希望される CD を下記までお送りください(弊社までの送料はご負担ください)。
2. 折り返し弊社より新しい CD をお送りいたします。

CDおよびハガキ送付先

〒 151-0053 東京都渋谷区代々木 4-36-4
コスモピア株式会社
「コスモピア・サポート」係

★下記の場合は補償の対象外とさせていただきますのでご了承ください。
- 紛失などの理由でCDの送付がない場合
- 送付先が海外の場合
- 改訂版が刊行されて6カ月が経過している場合
- 対象商品が絶版等になって6カ月が経過している場合
- 「コスモピア・サポート」に登録がない場合

＊製品の品質管理には万全を期していますが、万一ご購入時点で不都合がある「初期不良」は別途対応させていただきます。下記までご連絡ください。

連絡先
TEL 03-5302-8378
FAX 03-5302-8399
「コスモピア・サポート」係